How to Be a Happy Wife

やめたら
幸せになる
妻の習慣

マリッジコンサルタント
ヒロコ・グレース著
Hiroko Grace

WAVE出版

はじめに

仕事も結婚も出産も、すべて自分が望んでやってきたはずなのに、
どうしてこんなにストレスをいっぱい抱えてしまっているの？

毎日、毎日、仕事、家事、育児……と、積み上がっていくタスク。
でも1日24時間は変えられないから、日々格闘しながら無理をする。
それでも夫にも誰にも気軽に甘えられない自分がいて、
もう心も体もギリギリ。どうにかなってしまいそう。
どうしたら、もっとハッピーになれるんだろう？　誰か助けて……。

これは今から十数年前、ニューヨークから日本に1年半ほど一時帰国していたときの、私の心の叫びです。そのころの私は、マリッジプロデューサーとして起業6年目

を迎え、事業も順調に少しずつ拡大して10数名のスタッフを雇用し、毎日夜中まで働き詰めの日々を送っていました。出産も経験し、6ケ月の息子の子育ても楽しみながら……。でもそこに、あの、世界中を震撼させた2001年の9・11同時多発テロが起き、当時、遠距離結婚をしていた夫がいる日本に一時帰国しました。

その日から、私のやることはたちまち増えていったのです。

誰かに頼む、甘える、任せることが、一番苦手だった私は、人にお願いをするくらいなら、自分でやったほうが早いと思い込んでいました。今では信じられない話なのですが、会社では電話応対から、営業、広報、ホームページづくり、カスタマーサポートまで、自分1人で抱え込んでいました。そしてテロの影響を大きく受けたニューヨークオフィスの経営のことや、初めての子育てのことで神経が張り詰めていて、もうパンパンの状態だったのです。

もちろん私は、夫のことが大好きで結婚をしましたし、子どもが生まれたときは、ほんとうに嬉しくて……。そのことに対する後悔は一切ありません。

でも、いざ現実のフタを開けてみると、以前想像していた〝幸せ〟なことばかりの世界とは異なり、「やらなければならないこと」や「時間」に追われて、ものすごく苦しくなっていたのです。

そうなると常に神経が過敏になり、子どもといる時間なのに、余裕を持って接することができず、優しくしたいのについイライラしてしまう自分。「なんてダメな母親だろう」と、罪悪感さえ感じていました。仕事が立て込んでいるときに限って子どもが体調不良になり、一緒にいてあげられないことも心苦しくて……。

そのうえ、まわりの人に迷惑をかけたり負担をかけたりすることをしたくない自分がいて、精神的にも肉体的にも、極限にまで追い込まれていたのです。

そのゆくあてもない気持ちを、どこにぶつけたらいいのかもわからず、「私は、いったい何をしているのだろう?」と、途方に暮れる毎日でした。そして思ったのです。「このままでは、潰れてしまう。もし、私に何かあったら、0歳児の息子はどうなるのだろう? これはもう、今やっていることを整理するしかない!」

それからの私は、いろいろなことをやめていきました。

そして現在、私はストレスのない、自分らしくハッピーな日々を過ごしています。あなたも「妻だから」「母だから」と、いろんなことを全部1人で背負いすぎていませんか？　それを誰にも言えなくて、1人で悩んでいませんか？

今は、ガマンが「美徳」の時代ではありません。私たち女性が、過去からの固定概念や呪縛から解放されれば、もっと自由に自分らしいライフスタイルを送れるようになる。1人ひとりが常識にとらわれず、必要ないことを手放していけば、自分を大切に、どんなときも、丁寧に暮らしていけるようになるのです。

でもそれには、ほんのちょっとした秘訣があります。本書では、その探し方をお教えします。女性に生まれたことを喜び、楽しみ、遊び、謳歌できるよう、次世代のあなたに、〝幸せバトン〟をつなげていければ何よりも嬉しいです。

さあ、あなたの毎日を、私と一緒に整理していきましょう♡

２０１８年８月

ヒロコ・グレース

やめたら幸せになる妻の習慣　目次

第3章

やめてみた
〝ちゃんとした〟育児、受験トラック、過剰な期待

第4章 やめてみた

節約&お金の管理と、ファンデーションと、がんばる仕事

第5章 手放すために

マインド準備と、練習、リストづくり

編集協力　土屋裕美
ブックデザイン　トヨハラフミオ（Ａｓ制作室）
ＤＴＰ　ＮＯＨＡ
編集　大石聡子

第1章

愛され妻は「すべてをやらない」

子育てママに優しいNYから日本へ

私には、2人の子どもがいます。最初の子どもは、アメリカのニューヨークの病院で出産。男の子でした。

あのころの私は、ニューヨークを中心にロサンゼルスにもオフィスを持っていて、日本で仕事をしていた夫とは遠距離結婚の状態。夫は1年に数回、出張を兼ねて来てくれていましたが、出産当日は私1人。親友が駆けつけてくれたものの、夫がすぐそばにいない不安は、とても大きいものでした。

それでもなんとか乗り切れたのは、病院の先生や看護師さんたちが、妊婦が不安にならないように、出産についての知識を細かく教えてくれたからです。第3章で詳しく述べますが、**ひと言で出産といっても、1人ひとり個人によって、産み方も状態も違う。**そのことを、こちらが納得するまで説明してくれて、私は「自分の意思と選択で出産に挑んでいる！」という強い気持ちを持てました。

子どもが生まれたあと、看護師さんが「がんばったわね！」「あなたの息子は、ハッピーボーイよ♡」と言って、私を強く抱きしめてくれたことは、今でも忘れません。まわりの人すべてが、息子と新しいお母さんの誕生を温かく祝福してくれました。

それはふだんの生活でも同じ。**ニューヨークでは、社会が母と子どもに優しいのです。**たとえば息子をベビーカーに乗せて街に出かけたときも、階段があれば、近くにいる人がごく自然に手を差し伸べて、ベビーカーを運んでくれるのが日常でした。

またニューヨークでは、「母親（妻）は○○をしなければならない」という固定概念がなく、世間の目や評価を気にしながら何かをする、ということがなかったのです。自己責任のもと、自分がしたいように、自分流に子育てをすればいい。そんな感覚が、私の気持ちをどれだけ楽にさせてくれたことでしょう。

仕事のときは、生まれたばかりの乳幼児でも当たり前にベビーシッターさんを頼めたし、それがかなわなければ、打ち合わせに子どもを連れていくこともありました。それでもまわりは、状況を説明すれば自然に受け入れてくれて、息子もミルクを飲むと6～7時間はおとなしく寝てくれていたので、自分のペースで仕事ができました。愛する子どもの子育てと好きな仕事を両立させて、私はとても充実した日々を過ごしていたのです。

そんなときに起きたのが、あの、世界中を震撼させた2001年の9・11同時多発テロです。私のオフィスはウォール街にあり、徒歩圏にあった自宅も完全に立ち入り禁止状態。しばらくは親戚の家にお世話になりましたが、夫の勧めもあり、私は当面オフィスをスタッフに任せ、日本に帰ることにしました。

それは息子が生後半年のことでした。

日本社会の子育てママへの冷たさにカルチャーショック

はじめて家族全員が揃った状態で、子育てと仕事ができる♡

初体験に心がウキウキしました。でも、そんな期待も束の間、私が日本に帰ってきて最初に直面したのは、子育て中のママへの〝社会の冷たい目〟……。

東京でもニューヨークのとき同様、たとえば駅に入るためには、子どもを乗せた重いベビーカーを抱えて、狭くて急な階段を上り下りしなければなりません。でも、東京では、誰も気にかけたり、ヘルプしたりしてくれなかったのです。

エレベーターやエスカレーターが完備されている駅はあったものの、地下鉄などの古い路線の駅にはほとんどなく、長く細い階段を、１人で重いベビーカーを抱えながら移動するのは、ほんとうに大変でした。しかも１人階段で四苦八苦している私に、迷惑そうな顔をして、「遅い！」「邪魔！」などと言ったり、ぶつかったりしながら通り過ぎていく人が、なんと多かったことでしょう！

私はとても惨めな気持ちになりました。

そして、欧米と比べて、出産後の女性の社会復帰がはるかに遅れている日本の現実を目の当たりにし、冷たい視線を浴びながら生きていくことの大変さを、つくづくと感じたのです。

女性はいくらがんばっても「小さい子どもがいる人は使えない」!?

一事が万事、ニューヨークとはまわりの人の反応がまったく違う毎日を繰り返すうちに、そのぶつかる壁の大きさに、私の中の不安とイライラはしだいに大きくなっていきました。

それは仕事を取りまく環境についても同じです。

東京に場所を移しても私の仕事は続いていたので、子どもを預かってくれるところを探したのですが、保育園は認可、認可外ともに全部いっぱいで入れない。

ベビーシッターさんはどうかというと、行政が運営するサービスは、料金は良心的ではあるものの、最高2時間までしか預かってもらえません（当時）。では、一般のベビーシッターの派遣会社に依頼するとなると、当時は1時間につき最低3500〜5000円かかり、とても高くて使えませんでした。

私の場合、子どもを長時間預けなくてはならなかったので、

「いったい、いくらになるの？　なんのために働くことになるのよ！」

と、女性が出産後に社会復帰できる環境が、いまだに整っていない日本社会に、怒りさえ感じる状況でした。

さらに、こんなにどうしようもない状況に置かれているというのに、仕事では、子どもが急に熱を出したり、体調を悪くしたりしたときに預け先がなく、止むを得ず事情を説明しても、「だから小さい子どもがいる人は使えない」という評価をされてしまう。

ニューヨークでは、状況を説明すれば理解し、サポートしてくれる人がたくさんいたのに……という思いとともに、私は、仕事に対する評価が下がるだけでなく、「ダメな母親」という目で見られてしまうことへの恐怖を募らせていったのです。

そして私は、しだいに精神的に追い込まれていきました。

同性からも「だから女はダメなのよ」

それは2人目の子どもである娘が、5歳になったときでした。女性のお客様とのミーティングの日に、娘が急に40・6度もの高熱を出してしまったのです。

真っ赤な顔をして、体中が熱く、苦しそうにしている娘……。高熱の子どもを預かってくれるところも、人も見つからず、やむなく私はお客様に連絡を入れて事情を話し、スケジュールの変更をお願いできないか頼んでみました。

でも、当然といえば当然のことながら、お客様は、

「もう予定を組んでいて、出かける支度もしてしまったのよ!」
と怒鳴り、
「だから女はダメなのよ」
というひと言を残して、電話を切ってしまいました……。

お客様が怒るのは当然です。ほんとうに申し訳ないことをしたと今でも思っています。

でも、私の人生で「何が大切か」を考えたときに、高熱を出している娘を1人家に何時間も放置したままで、もし何かあったら、一番後悔するのは私自身だったのです。

ただ、年上の先輩女性から言われたそのひと言に、私は衝撃を受けました。そして同時に、同性にさえ「だから女はダメ」と言われてしまうこの現実に、抑えられない悲しみが込み上げてきたのです。

すべての家事・育児・仕事…このままでは潰れてしまう！

ガマン、忍耐、苦労は美徳——苦労は買ってでもしろ。辛いことに耐えなければ、幸せになれない。

そんな凝り固まった精神論のもとに育ってきた私たち日本女性は、「甘え＝わがまま」ととらえられてしまう世の中で、妻であり母であるという立場をわきまえながら、自己主張をせず、じっと耐え、「自分さえガマンすれば、丸く収まる」と、まわりの人のことを優先させ、家庭の平和のために尽くしてきたのではないでしょうか。

でも、ニューヨークで生活する女性には、「苦労」や「ガマン」といった概念が驚くほどありませんでした。１人ひとりの女性が自己主張をしっかりしたうえで、自分の言ったことに責任を持つ。そうした個々人のルールのもとで、幸せに暮らしている人たちがたくさんいたのです。

自分を優先し、一番大切にしているからこそ、余裕が生まれ、まわりにも優しくなれる――私は、「自分にも他者にも厳しい」日本の文化的・社会的背景こそが、自分に優しく、まわりにも優しくなれる**「優しさの連鎖」**を止めているのではないかと思いました。つまり、**日本にはその「優しさの連鎖」のモデルケースがないのです。**

私たち日本女性は、自分の母親の世代の「妻・母親像」を見ながら育ってきているので、良妻賢母はどういうものかは知っていても、仕事を持ちながら子育てをする女性のロールモデルもサービスもない。だから、１人ひとりが自らを犠牲にしてがんばって、「母親というものはこういうもの」という〝ワク組み〟にはめられている……。

社会や仕事のことだけでなく、ひとたび家庭に目を向けてみても、実際に私は日本に一時的に帰国しているときも、すべてを自分１人でこなさなければいけないと思っていました。それが妻であり、母親としての役割だからと……。

それは、私の母がそうだったからです。

母はフルタイムで仕事をしていましたが、父や私、そして6歳下の弟のために、毎日朝早く起きて、1日分のご飯を必要に応じてつくってから出かけていました。

父は堅物で、そんな母の忙しい姿を見ながらも、家事ができていないところを見つけては小言を言って、夫婦喧嘩をしていました。


だから私も、きちんと家事をしないと、夫との間が大変なことになると思い、夫より早く起き、朝食、掃除、子どもの世話と、すべて手を抜かずにこなしていました。

でもある日、疲れがドッと出てしまって……。

誰にも弱音を吐けず、頼ることもできず、1人孤独に、とにかく一生懸命がんばってきた。でも、

「このままでは、私は潰れてしまう！」

と、真剣に思ったのです。

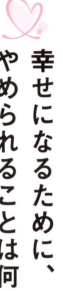

幸せになるために、やめられることは何？

そこで私は、現状を変えるために、何をどうしていけばいいのかを考えました。

そして行き着いたのが、

「今やっていることのうち、やめられることからやめてみよう」

ということでした。


私の職業は、お客様の恋愛や結婚についての悩みや不安をカウンセリングする仕事です。お客様お１人お１人の話を丁寧にうかがいながら、悩みや不安を引き起こしている本質的な問題にアプローチして解決に導き、サポートしていきます。そこではカウンセラーとして、精神的な集中力がとても大事です。

なぜなら、お客様の警戒心を取り除き、閉ざされた心を開いてもらえるような話しやすい雰囲気の中で、お客様の表情や仕草に隠された心理を読み取り、また話される言葉の裏にある感情に気づくために、本質的な質問をする必要があるからです。カウンセラーである私自身が、自分の問題で頭がいっぱいになってしまって疲れていたら、とてもできる仕事ではありません。だから、

「このまま疲れた状態では、仕事を続けていくことがしんどいと感じるようになる。このままではいけない。早期発見、早期治療ではないけれど、早いうちに解決しなければ、手遅れになってしまう日が、きっと来る」

と、悟ったのです。そして、

「どうしたら、もっと心が元気になれるだろう?」

ということを突き詰めて考えるようになりました。

ニューヨークにいたときは、仕事も子育ても大変だったけれど、全部自分のやりたいことだったから、「楽しい♡」と心から思えていました。でも、日本に帰ってきたら、そう思えなくなってしまった。

では、何をどうすれば、ニューヨークで生活していたころと同じように、やりがいや楽しいという気持ちを取り戻せるのだろう？

そう考えたとき、ふと気づいたのです。

私は、自らつくってしまった「○○しなければならない」というルールに縛られて、本来の自分をなくしている。

すべて1人で背負っているという錯覚にがんじがらめになって、勝手に苦しくなっているんだ……。

私は、人から「できない妻」「ダメな母親」とは思われたくなかったのです。

以前の私は、結婚さえすれば幸せになると勘違いしていました。

独身時代に抱えていた重荷が取れ、すべて問題も解決し、毎日がバラ色の生活になるというその思い込みは、いったいどこから来ていたのでしょうか？　いつの日からか、「結婚＝バラ色生活」という妄想が、私の中を支配していたのです。

でも、もう違います。幸せは、自分からつくっていくものなのです。

そして私は、手放す怖さはあるけれど、とにかく自分で自分の幸せに責任を持って進んでいこうと、心に決めました。

第2章

やめてみた
家事のあれこれ、夫のお世話、お付き合い

男性は完璧な家事を望んでない

私はニューヨークから日本に帰ってきて、夫の身のまわりのことや子育て、家事全般をすべて1人でこなしていました。でも、ニューヨークのときと同じような状態に戻すためには、それらを少しずつやめて、日本での生活を変えていかなければなりません。そこで私は、まずは夫との生活に目を向けてみました。


私がしているカウンセリングの仕事では、結婚している、していないにかかわらず、多くのカップルから、家事のことで喧嘩を頻繁にするという相談をよく受けます。その中で、多くの男性の口から出るのは、たとえば朝食についてのこんな言葉。

「朝から何品もつくってくれなくてもいいんです。納豆だけあれば、それでいい」

「パンだけあれば、十分です」

なのに奥さんは「あなたのためにつくったのよ」と言わんばかりに、たくさん用意してくれる。しかも毎日、なぜか不機嫌な顔や態度をしている。男性は、そんなに不機嫌になるのなら、何もつくらなくても平気なのに……と、思っているのです。

また掃除についても同じで、
「床は汚くても、別に気にならない」「台所の水道のまわりが汚いのは、イヤ」
「テレビの後ろのホコリだけを毎日取ってくれれば、それでいいのに」
と、男性によって、こだわりや、やってもらいたい掃除のポイントが違ったのです。

離婚をしたある女性は、元夫の机の上は触ってはいけないところと勝手に思い込んでいて、ほかのところはキレイに掃除をしても、そこだけはやらなかったそうです。でも元夫は、掃除されていない自分の机だけを見て、「机の上はキレイにしてほしかった」「君は掃除が全然できない人だね」と言って、離婚を切り出したといいます。

私は**男性によって家事のこだわりのポイントはまったく違う――つまり、女性は家事を全部完璧にする必要はない**、ということを知ったのです。

旦那さんの家事のポイントはなんですか？

そこでまずは、私の夫の掃除のポイント——彼が何を気にしているのかを観察してみることにしました。

すると、洗濯機にホコリや糸くずが溜まって、機械がピーピーうるさく鳴るのがとてもイヤなようで、それさえきちんとしておけば、ほかには何もないらしく……（笑）。

「なあんだ」と拍子抜けするほど、夫には掃除についてのこだわりがなかったのです。

そうと知れば、あとは私自身が気になるところや、ここさえやっておけば心地いいと思うところを掃除するだけ。たとえば独身時代のように、掃除機をかけるのは週1回とか、目についた、気になるところだけをサササッと拭くといった、あの気軽な感覚でよかったのです。

気軽で楽チンな掃除に戻すための手順は……まずは旦那さんの掃除へのこだわりや、ここはやってほしいというポイントなどをさりげなく聞くことです。


たとえば、いつも自分が掃除している場所を箇条書きにして、その中で、

「ここは勝手に触ったり、整理とかしないでほしいところはある？」

「キレイになっていないと、気になるポイントは、どこ？」

「どこがキレイになっていたら、嬉しい？」

「全然やったかどうかも気にもならないポイントって、どこかな？」

と聞いてみます。


いろいろと教えてくれたら、こう添えることも忘れずに。

「なるほどー、教えてくれてありがとう！　最優先箇所にマークしておくね！」


ここでのポイントは、「あなたが一番よ！」という感じで伝えること。そうすることで、「俺は妻にとって、大切な存在なんだ」「大事にされているな」と思ってもらえます。それさえ伝えておけば、ほかの部分を手抜きにしても、案外大丈夫なのです。

どんなことでも、事前にすり合わせをしておくだけで、がんばりすぎず、気持ちよく過ごすことができるようになります。もしかすると、「何もやってほしいことはないよ♡」と言ってくれるかも!?

さりげない会話で家事を減らしていきましょう

私の夫の場合は、掃除だけでなく家事全般のポイントさえ押さえておけば、あとは私のペースでやるだけでまったく問題はありませんでした。

そのペースについても私が、

「この2、3日忙しくて、掃除機をかけられないんだけど、死んじゃわない?」

なんて、明るく夫に聞くと、

「全然問題ないよ。週1回でもいいよ」

と言ってくれたので、

「えーっ！　ほんと〜？」

という感じで、週１回に落ち着きました。

ここでの切り出し方のコツは、さも一大事のように言うのではなく、「これって、1週ペースでもいいかなあ？」と、あくまでもさりげなく聞いてみること。

すると、びっくりするほど話がすんなり通るものなのです。


キッチンの後片づけについては——私の母は、たとえば夕食をすませたあとはそのままにしておいて、翌朝に片づける人でした。父はそれがイヤだったらしく、「だらしがない」とか「何もやらない」とか、いつも怒っていました。だから私は、夫も父と同じだろうと勝手に思って、仕事でどんなに疲れていても、すぐにやっていました。

でもあるとき、あまりにも疲れていて「今日はダメだー」と思ってやらないでいると、夫はまったく気にしない様子で、何も言わなかったのです。そこで、

「翌朝洗ってもいいの？」

と聞いてみると、

「ＯＫ。まったく問題なし。なぜ、そんなことを聞くの？」

と、言ってくれるではありませんか！

そうか。「やらなければいけない」というのは、私の思い込みだったのか……。そのことに気づいた私は、そこから「思い込みの家事」をどんどん手放していったのです。

ただし、夫がやってほしいということだけは、きちんとやろうと思いました。夫のポイントはしっかり押さえて、あとは自分のペースで気が向くままにやるだけ。そうすれば不思議なほど、自分１人が犠牲になって家事をしているという気持ちや、そこから来るイライラもなくなったのです。

そして逆に、「好きなようにやらせてくれて、ありがとう♡」と、夫への感謝の気持ちが溢れ出てくるようになりました。

食事の用意だって少しずつ手放していける

カウンセリングを通して、さまざまな男性の話を聞いていると、妻から「夕飯、何が食べたい？」といちいち聞かれるのが面倒だと感じている人が多くいました。「まだお昼ご飯も食べていないときに、夜ご飯のことまで考えられない」「夜に何を食べたいのかなんて、わからない」「どうでもいい」というのが本音なのです。

私が最初にニューヨークから日本に戻ってきたころは、子どもは1人でまだ小さく、離乳食が始まった時期でした。当時、夫は外資の金融機関に勤めていて徹夜も多く、朝食以外は家族で食事をすることが滅多になかったので、私はほぼ毎日、子ども中心の献立を考えてつくっていました。

第二子ができて仕事のために2人の子どもを連れて再度渡米したときは、平日は私が自宅にいてもシッターさんが食事をつくってくれていたので、私は週末のうち、子どもたちを連れて外食する日以外につくる、という感じでした。当時は家でも仕事をしていましたが、食事の用意を手放せば、１日数時間の自由時間ができました。

二度目に日本に戻ったときは、フルタイムのシッターさんやハウスキーパーさんがいない状況で、食事の用意の負担が一気に増えるところでした。でもそこは食の天国日本！　一時期体調を崩したこともあり、お惣菜を買い、キレイにお皿に盛り付けしてすませたり、おさしみや鍋物など、手間がかからず、おいしくて栄養価の高いものを用意することで、食事の準備を簡単にするようにしていました。

しかし、なかなかやめられなかったのは、夫がゴルフへ行くときに持っていくおにぎりづくり。もちろん夫のためにつくっていたのですが、もしそれをやめたら、彼がコンビニでおにぎりを買っているのをゴルフ仲間に見られて、**「この人、結婚しているのに、奥さんが何もしないんだ」と思われるのは、「妻としては、どうなのよ?」という気持ちが強かったのです。**架空の誰か＝世間に見られているという感覚で、いつも朝4時に起きて、熱々のおにぎりを握っていました。

でもそれも、夫に聞いてみると、私のおにぎりでもコンビニのおにぎりでも、どちらでもよかったのです。彼にしてみれば、つくってもらえればありがたいけれど、どのみちコンビニには必要なものを調達するために寄るので、私のつくったおにぎりがなくても問題はないというのです。

夫が持ち帰ったコンビニの袋の中の、あとで買い足したらしいおにぎりを見ながら、
私「もしかすると私、おにぎりをつくらなくてもいい感じ？」
夫「つくってくれれば嬉しいけれど、まあ、どっちでもいいよ」
私「なあんだ。わかった！　ありがとう♡」
ということで、これもやめることができました。

夫は、おにぎりは手づくりのほうが嬉しいに違いない。「旦那さんに、おにぎりもつくってあげない妻って、どうなのよ？」と人に思われてしまうかもしれない……。

そんな疑惑は、全部私が勝手に抱いた〝妄想〟だったのです。

「私って、どれだけ妄想の天才なの?・」と、自分に呆れた瞬間でした。

「罪悪感」は捨て、ご機嫌で「愛情」を表現

家事をやめていくうえで大切なのは、妻であるあなたが〝罪悪感〟を持たないこと。

先のおにぎりの例でいえば、夫が、

「どっちでもいいよ♡」

と言ってくれたのなら、「用意できなくて、ごめんね」ではなく、

「そうなんだ! コンビニのおにぎりも、結構おいしいもんね♡」

「あなたは、なんの味が好き?・」

と、**悪びれずに「いいもんね♪」という感じで、サラッと楽しく会話をしながら、やめる方向に話を持っていけばいいのです。**

ここでのコツは、愛情を持って「あなたのことを考えているよ♡」ということを表現すること。


たとえば朝食にご飯とお魚の１品を出したときに、

「これ、おいしいでしょ？　このお魚はね、○○で獲れたもので……」

「このご飯はどう？　これはねー」

と、「あなたのために特別に選んだの♡」という表現をするのです。

私の場合、おかずをだんだん減らしていったときに、

「これ、あなたの大好きな納豆よ♡」

「この卵は、特別に頼んだものなの♡」

と、品数は少なくても、夫が好きなこだわりの物を、愛情を持って選んでいることをきちんと伝えました。


夫は、食事の品数が減ったことよりも、私が朝から楽しそうにしていることを、「このほうがご機嫌なんだね」と、嬉しく思ってくれているようです。

表に見えない夫のお世話の解決方法

私は、夫の身のまわりの世話も同時に手放していきました。

そこではまず、夫の見ていないところで、先にやってしまうのをやめます。

たとえば夫のカッターシャツの洗濯、アイロンがけは、毎日とても大変ですよね。

私はそれをやめたかったので、まずは夫に、

「ポコちゃん（私のことです）、アイロン屋さんに向いていないみたいなんだけど、全部クリーニングに出してもいい？」

と、相談しました。そこで「いいよ♡」という返事があったので、全部出すことに。

そのときも、

「着終わったシャツが溜まったら、教えてね！　クリーニングに持っていくから！」

と、頼んでみました。すると、

「そろそろシャツがなくなってきたから、お願い！」

と、夫から言われて、

「了解！　わかったよ〜。持っていくね！」

と返答をすると、

「頼むね！　ありがとう！」

という返事があるではないですか！

少々大げさではありますが、こんな会話から夫婦の共同作業が始まり、さらに彼の頭にあった「シャツを洗濯をしてアイロンがけをするのは、妻の仕事」という〝当たり前〟が、なくなっていったのです。


夫の世話を手放していくうえで大事なのは、次の姿勢です。

気持ちをすり合わせ（相談）→相手をほんの少しでも巻き込む（共有、共同作業）

夫の意見を〝尊重〟するこの姿勢を、私はどんなときも忘れずにしています。

たとえば、夫の靴磨きは手間がかかるので、基本的に私は苦手。でも、夫自身も靴

磨きをしないので、朝の見送りの際に彼の靴がピカッと光っていないと思ったら、

「ちょっと待って……。チャラーン♪　ほら、ピッカピカでしょ？」

と、目の前でツヤツヤにしてあげます。

つまり、夫の世話はどんどんやめていってはいるけれど、大切なポイントは外さないように、**「私はいつもあなたのことを気遣っているからね」ということを、態度や言葉であらわすのです。**

そして、**どんなに小さな「名前のない家事」でも、陰ではなく夫がいるところで、「チャラーン♪」と楽しそうに見せることが大事。**

たとえば、夫がいないときに、何かしらキレイにしたときは、

「見て、見て、チャラーン♪」

と、嬉しそうな動きをしながら夫に見せる。そうすれば夫も、

「おお、キレイになってる！　ありがとうね」

と、優しく声をかけてくれたり、ハグをしたりしてくれる。当たり前になっていた妻の仕事も、こんなふうに優しく褒めてもらうと、嬉しいものですよね。

こんな毎日の繰り返しが、相手への思いやりをつくっていくものなのです。

そして、あとはできるだけ夫のことには手を出さず、様子を見るだけ。

そうしているうちに彼は、自分のことはできるだけ自分でやるようになりました。

毎日使うシャンプーなどのグルーミング用品なども、私がお風呂に入ったときに夫のシャンプーが切れていたので、買おうと思っていたのですが、ほかのことを考えていて、ついついそのことが頭からごっそり抜けてしまう事態に……。そこで私は、

「きゃあ！　ほんとうに、ほんとうにごめんなさい。お風呂に入ったときに、買うぞ！って、誓ったんだよー。なのに、お風呂からあがったら、完全に忘れちゃったの。もう、この頭、ペンペンだよ～（泣）」

と、状況を言い訳せずに伝えました（自分の頭をたたく仕草と共に）。

すると、夫は「こりゃ、ダメだ」と悟ったらしく、自分でストックを大量に買ってきてくれるようになったのです。

それを見て、私もこう答えます。

「わあ、すごく大量。これで安心だね！　いいのを買ってきたじゃん♡」

週末に夫が着るゴルフウエアも、以前は私が洗濯していたのですが、なにせ手洗いが必要だったもので、洗い方にこだわり始めると結構大変で、少しの間放置しておいたら、夫が自分で洗うように。大好きなゴルフのグッズなので、彼なりに丁寧に洗っています。それを見て、すかさず私はこう伝えました。

「上手な洗い方だねえ。いいニオイじゃん♡」

「大切なものは、こうやって自分で丁寧に扱うのが、一番だよね♡」

すると夫も、「そうだよね♡」と満足そう。

私が家事を捨てていくうちに、夫も自分でできることと、できないことが明確になったらしく、私にしてほしいことは「これ、やってくれる?」と、きちんと伝えてくれるようになりました。

毎朝出かける前の服のチョイスも、私からではなく、「今日、何を着たらいいかな?」と夫が聞いてきたときに初めて一緒にやる――それが基本です。

子どもと夫が家事を手伝ってくれるコツ

子どもには、小さいときから「ポイント制」でお手伝いをお願いしていました。

私の親も私にやってくれていたのですが、できる範囲内の「お手伝いリスト」を子どもと一緒に考えて、それぞれ難易度別にポイントをつけ、ポイントが貯まったら、学校で使う文房具などに換えるようにしていました。

子どもがある程度大きくなったら、家事を手伝ってポイントが貯まればお小遣いをあげるようにして、自分でお金の管理をさせていました。**労働の対価としてお金を得ることを、少しずつ体験させたかったのでやり始めた**のですが、子どもたちなりに工夫して、一生懸命手伝ってくれるようになりました。中学生ぐらいになったときにポイント制そのものを「お小遣い制」に換えて、今でも続けています。

家事については、ふだん家に誰もいない間に、私がササッと終わらせてしまうことが多かったので、突然「あれをして、これをして」と頼んでも、夫や子どもは何をどうしたらいいのかわからないのが当たり前。

だから**最初は、手伝ってもらいたいことを一緒にしました**。たとえばゴミ捨てであれば「ついてきて♡」と言って重いほうを持ってもらうとか、「両方とも持ってくれる?」と頼んでみる。そうしながらしだいに「今は手が離せないので、お願い♡」「いつも持っていってくれて、ホントに助かるー♡」というように、必ず、感謝の気持ちを伝えながら、徐々に手放して、任せていくようになりました。

そこでの鉄則は、上から目線で、やって当然のような態度をしたり、命令したりは決してしないこと。

そのうち夫も子どもも、時間的にも気持ち的にも余裕があるときは、「手伝って♡」と言われれば、快くやってくれるようになります。

自分のほんとうの気持ちを隠して、「私だけが大変な思いをしているのよ」ということを察してほしいと思ったり、相手をコントロールしようとしたり、それでもわかってくれない家族に、ヒステリックに怒鳴ったりしてしまうから、悪循環になってしまうのです。

家事は自分しだいで、いくらでも手放していけるもの。「○○しなければならない」という古い価値観に縛られない、今の時代に合った、自分らしい生き方。それを実現できるライフスタイルに変えていけるのです。

「自分はどうしたいのか」をしっかり見極めるためにも、あなた自身が変わらなければ何も始まりません。あなたが主体になって〝楽しく、可愛く、チャーミングに♡〟家族を巻き込みながら変えていきましょう。

子ども部屋の掃除だけは家事代行にも依頼しない

アメリカ人の友だちと話していて、日本との家事の違いでよく話題にのぼるのは、掃除です。向こうの家庭の多くは、シッターさんとは別に、お掃除の人を頼んでいます。最近は、その中でも子育て中の家庭は、子どもの部屋は掃除してもらわないことが結構多いようです。

それは、自分の部屋は自分でキレイにさせるため。そうしないと、物を整理できない子になってしまうからです。

子どものときから一度も掃除をしたことがなくて、ちり取りさえ使えない大人がいるという話を聞いたことがあります。大人になってから、人に言われてできないことに気づいて覚えていくのは、とても大変なこと。子どもをそうさせないためにも、**小さいころから、身のまわりのことはできるだけ自分でやらせることが大事です。**

なんでも自分でできる子どもに育てる――それが最近のアメリカの家庭の傾向のようで、私もそれはとてもいいことだと思います。

大人になるために必要なことはなんでも自分でさせていく。

大人がやりすぎてしまうのは、子どもの成長にとっては、よくないですものね。

夫関係のお付き合いはほどほどに

家族を持つと、日常の家事だけでなく、妻として、夫の仕事関係や同僚などとお付き合いをしなければならない場面が必ずあるものです。みなさんは、それにどのように対応しているでしょうか。

あなたがもし、しなければならないこと、やっておきたいことがあるのに、夫の予定に合わせて無理にお付き合いをしているのならば、本末転倒。**それが夫にとってどれくらい大事なものなのか、自分が参加する意義はどの程度あるのかなどを見極めて、無理なお付き合いは、やめるのが一番です。**

基本的に私の夫は、これまでの経験で、私がどんな人の集まりであれば出席するかを、おおよそ把握してくれているので、「今回は、一緒に来て！」という大事なときしか誘ってきません。

私は仕事柄、日々さまざまな方々とお会いし、頭をフル回転させながら、全力で問題解決していけるように活動しています。そんなこともあり、休みの日は頭や神経を休ませたいタイプ。夫の交友関係のお誘いは「どういう趣旨の集まり」で「どんな人が来るのか」を聞いて、気分が乗れば行くという感じです。そのうえで、気分が乗らないときは「ぽこちゃん、おうちにいる〜」と軽く、可愛くお断りします。

そんな中でも、結婚式や大事な取引先の集まりなど、夫婦同伴で出席したほうがいいと私が判断できる場合は、行くようにしています。

義実家には泊まるべき？を考えてみた

結婚すると、妻として大変なのは、夫の両親や親戚とのお付き合い。

子どもができるとさらに、

「子どもたちを、祖父母に会わせなければいけないんじゃないかしら？」

「そのためには、帰省したほうがいいのでは？」

というような「祖父母と孫の関係」に対する気遣いが追加されてしまうので、そのことにとらわれて、お正月とお盆のお休みがあっという間に終わってしまった、という話をよく聞きますよね。


私の場合は、まだ子どもが小さいうちは、海外から帰国するたびに、夫の実家に泊まりがけで遊びに行き、男性が優先される日本のしきたりや常識に、戸惑いを隠せませんでした。

だから、滞在期間が長いことのデメリットを探して、夫が男だからこそ気づいていない義母の大変さをさりげなく伝えて、実家に泊まらない代わりの代替案などを提案していました。

今は夫の親に会いに行くのは1年に1回。夫の実家は東京から遠いので往復に時間はかかりますが、日帰りで帰省しています。

こうした夫の実家とのお付き合いで大事なのは、次のポイントを考えることです。

◆どこまでだったら〝自分の想定範囲〟で譲れるのか

◆どこまでだったら〝妻という立場〟で楽しくできるのか

この2点を考えて、もし1泊だったら大丈夫ということであれば、そう夫に話してみるといいでしょう。

そのときに注意したいのは、「あなたの親って、〇〇だから〜」と、相手の親を決して悪くは言わないこと。誰にとっても、自分の親の悪い点を指摘されたり、否定されたりすることは、気分のいいものではありません。だから、

「お正月は、あなたの実家と私の実家と、半分半分で行くことにしない？」

「休みの日にしかできない仕事があるので、1泊くらいだと、すご〜く助かるな」

と伝えてみるのもいいかもしれませんね。

孫と長く過ごしたいという義母や義父の希望や、家族で過ごすべきだという親戚の考え方もあると思いますが、そこは気持ちを強く持って、自分の思いを優先させる。

でもその分、夫の実家では、時間が短いからこそ、質の高い楽しいひとときを過ごせるようにしたいものですね。

しっかり者の妻＆ママをやめたら…

ふだんの生活の中で、私が意識しているのは、「自分がしっかりしない」ことです。**やれるけれど、やらない。**仕事でも家庭でも、何か、しっかりしない社長や妻、ママをやっている感じです（笑）。

私が恋愛や夫婦関係のカウンセリングでお会いしてきた人の中で、相手との関係をこじらせてしまう人に特徴的なのは、「自己肯定感」「自尊感情」という、自分を肯定し、尊重する２つの感情がうまく育っていない、ということです。私自身も、以前はまぎれもなくその一人だったので、これまでの人生で自分を改革してきました。

だから私は、**子どもにも、その「自己肯定感、自尊感情」という大切な感情を、育てたいと思ってきました。**

まずそこで意識してきたのは、毎日の生活の中で、「あれをしなさい、これをしなさい」と、子どもたちに命令や指示ばかりしないで、**「ありがとう」「優しいね」「嬉しいよ」という言葉をたくさん言える場面をつくる**ことです。

そのためには、親である私自身が、

「これ、どうやるんだろう～？　ママ、わかんないな」

「ママには難しいな」

と言って、**できるだけ子どものことをやって〝あげない〟**。

そうすることで、子どもたちは人に頼らず、自分で一生懸命考え、意欲的に行動するようになります。その結果、親としても、やったことの出来、不出来に関係なく、「がんばっているね♪」と、子どもたちが努力している過程を認めたり、「ありがとう♡」と、子どもたちがしたことに感謝を伝えることができるようになるのです。

おかげでわが家は、家中が優しい空気に包まれ、「ありがとう」「嬉しい」という言葉で溢れています。

以前は私も、〝できるいい母親〟を演じるために、1人では背負いきれないタスクに潰れそうでした。でも今は、次の2点をいつも心に留めるようにしています。

◆仕事でも家庭でも、自分1人でがんばらない

◆「自分でできるから、全部私がやるわ」という気持ちは子どもの成長を妨げるので捨て去る

ことのことで私は、ほんとうの意味で子どもの心を育み、のびのび育てる大切さを知りました。人の価値は「何ができるか、できないか」ではないのです。たとえできないことがあっても、前向きに努力や工夫を重ねていくことこそが大切です。

そして、**自分で努力したあとは、人にも頼っていい。**

そのことを体感してもらえる、家庭でできるママプロジェクト。

あなたもトライしてみませんか？

夫の前では「ママ」をやめる

「子どもができても、夫といつも恋人同士のようにしていたいのですが、そのためにはどうしたらいいでしょうか？」

私が主宰する講座では、受講生からときどきそんな質問があります。

日本ではたしかに、子どもの前では父親らしく、母親らしく振る舞うことが大事で、夫婦がハグやキスをしたりする行為は教育上よくないと、暗黙の了解でタブー視されているところがあります。

でも逆に言えば、**子どもが小さいころから、お母さんがお父さんと恋人のような関係を見せていれば、子どもにとってはそれが当たり前になります。**

小さいときから「ママは自分のお母さんではあるけれど、パパの奥さんでもあり、恋人でもある」と思えれば、それが自然なことになるのです。うちの場合もそう思って、子どもが小さいときから、夫と恋人同士のようにしてきました。

日本の家庭では、夫婦同士で声をかけるときも、子ども目線の「パパ」「ママ」で呼び合うことが多いようですが、それは女としての自分や、男としての夫を捨ててしまっている証拠。

たしかに今までパパとママの関係でいたのが、ある日突然、子どもの前で恋人同士のように振る舞うのは難しいかもしれません。

でもそれも、妻であるあなたの意識の持ち方しだい。**夫がいるときは、とにかく夫を一番に考えて、子どものことより優先する。それを常に心がけていれば、どんなタイミングからでも、関係性の改善はしていけるでしょう。**

その代わり、夫がいないところでは、子どもが満足できるように、１００％心を向けて、愛情を注いであげる。だからママも子どもに、

「パパが帰ってきたから、ちょっと待っててね♡」

と言えるのです。子どもも、

「パパが帰ってきたから、ママはパパと一緒にいたいんだな」

「でも、パパがいないときは、僕たちのママだしね」

と思ってくれる。

そうしたメリハリを、上手につけていけたらいいですね。

「いつも家族でお出かけ」をやめても幸せだった

「子どもに、家族との思い出をたくさん経験させたい！」

親はそう思って、休日には家族全員でどこかに出かけようと、がんばってしまいますよね。でも、毎週末に家族で出かけて疲れて、親がカリカリしているよりも、休養をとって、気持ちに余裕があるほうが、子どもにとっては幸せではないでしょうか。

わが家の場合、子どもたちが小さかったころは、週１回は一緒に公園などに出かけ、もう１日は、家で一緒にゆるりと過ごしていました。そして今は、週末は私自身も仕事が入っていて、夫はゴルフに行くため、家族全員が自由行動です。**その代わり、一緒に旅行に出かけたときは、家族で思いっきり楽しむようにしています**。

親である私たちも、子どものころのことを思い出すとわかると思うのですが、どこか遠くに旅をしたときのほうが、週末に近場に遊びに行ったときよりも、記憶に鮮明に残っているものです。もちろん、子どもの年齢もありますが、無理に家族が一緒にいなければならないといった呪縛は、手放してもいいでしょう。

いつも一緒にいられないから、子どもがかわいそうだという思いや、母親としてダメだと罪悪感を持つことも、不要です。たとえば子どもにかける言葉も、

「いつも遊んであげられなくて、ごめんね……」ではなく、

「○日は、一緒に遊べるよっ。楽しみすぎるね！　何やろうか？　考えてくれる？」

と言ったほうが、子どもにとっては１００倍嬉しいはず。

つまり、**子どもとのイベントには、〝当たり前〟をつくらないことが大切です**。

まとまった休みがとれたら、旅行でもなんでもいいのです。

「家族で一緒に行動するのって、楽しいよね〜♡」

と、家族全員で思いっきり楽しめることを企画する。

そして、ふだんの週末は、自由にやりたいことを選ぶ。ママが読書好きであれば、

「じゃあ、みんなで本を読もうか！　昼間から読書なんて、贅沢だね〜♡」

と、それぞれが読みたい本を、読みたい空間で楽しむのです。

みんな、別々の本を読んでいるのだけれど、家族で一緒に同じことをしているなんて、とても幸せな時間ですよね♡

子どもを置いて旅行してもいい

私は仕事を含めて海外に行くことがよくあります。そんなとき、

「お子さんたちは、どうするんですか？　置いていって、大丈夫ですか？」

と聞かれることがあります。

「それが、なんの問題もないんです」

と答えると、みなさんには結構驚かれます（笑）。

アメリカに住んでいるときも、夫と何度か3、4泊の旅行をしたのですが、近くに身内がいないので、シッターさんに泊まり込みで家に来てもらい、ご飯をつくってもらったり、学校にも行かせてもらったりと、子どもたちの面倒を見てもらっていました。子どもが2、3歳から5歳ぐらいまでは、シッターさんに旅行に同行してもらったことや、現地で雇ってお願いしたこともあります。これは夫婦で安心して旅を楽しめるし、すごく楽なのでお勧めです。

最近は、娘が海外の学校に留学中のため、親が留守にすると家には高校生の息子1人になってしまうので、**少し長い期間旅行をするときは、「一緒に行く？」と聞いて、行くか行かないかを本人に自由に選んでもらいます。**そのときも、息子「僕、塾があるし、行けないな」
私　「そうだよね。とても残念だけど、応援しているからね！　お土産、買ってくるね♡」
息子「僕、一人暮らしだね！」
という感じです。
そして旅行期間分の食事代を渡して、自分でやりくりするように言います。それに加えて、すぐに食べられるものや冷凍食品を買い置き。「食べたかったら、食べてね♡」と伝えると、「それ、ありがたいよお～」という返事がくる——そんな感じであとは任せています。

第3章

やめてみた
〝ちゃんとした〟
育児、受験トラック、過剰な期待

出産の痛み、ある・なしは選んでもいい

「日本人は、なんで自然分娩をするの?」

「どうしてわざわざ痛い思いをして子どもを産むのか、理解できない!」

これは私が出産するとき、現地のアメリカ人によく言われた言葉です。

私は1人目の子どもをアメリカで、2人目の子どもを日本で産みました。そこで、日本とアメリカの出産に対する考え方の違いを痛感させられたのです。


日本では医師などの勧めもあって、母子のつながりができると考えられている自然分娩が一般的。でも日本産科麻酔学会のウェブサイトによると、アメリカで2008年に無痛分娩を選んだ妊婦の割合は、経膣分娩をした女性の61%(参考:フランスでは、2010年の調査で約80%)。ところが日本では、2007年の硬膜外無痛分娩

の割合は、分娩数全体の2・6％と、突出して低くなっています。

私がニューヨークの病院でお世話になった産婦人科の医師や助産師、看護師によれば、無痛分娩のメリットは、

出産の痛みがないから、母体の負担が少ない

産んだあと、すぐに子どもとの生活を楽しめる

とのこと。病院では、「無痛分娩が絶対にいい」「無痛分娩は母子のつながりが薄くなるから、自然分娩がいい」などと決めつけて話をする人は誰もいなくて、**どのような産み方をするかは、妊婦の意思に委ねられます。**

そんなこともあって、医師たちからは、出産に関するさまざまな知識を教えられ、出産方法を選ぶ際にも、

「自分がどう感じるかが、大事だよね」

ということをよく言われました。どこかで日本式の出産方法にとらわれていた私は、

「自分の意思で選んでも大丈夫なんだ♡」と、気がとても楽になりました。

無痛分娩を選んだ私は、出産当日、医師や助産師など、多くの人が入れ替わり立ち替わりする中で、無痛のための注射を打ちました。

実はこの注射が痛いと、経験した人に言われていたのですが、担当のふんわかした熊のプーさんのような看護師さんが、ずっと私を温かく、強く抱きしめてくれていたので、それほど痛みは感じませんでした。

どんな産み方だってママの愛は変わらない

ようやく無痛分娩が始まって数時間後、今度は重大な選択が私を待っていました。

生まれてくる子どもの心拍数が下がって、そのまま分娩を続けると、子どもの脳に酸素が行かなくなり、障害が出る可能性もあるというのです。

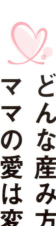

私は心臓が飛び出そうなほど驚きました。でも落ち着いて医師の説明を聞くと、帝王切開をすれば何も問題はないとのこと。

帝王切開にするかしないかも、妊婦本人の選択しだいということで、

「今すぐに切ってもらったら、ほんとに、ほんとに、何もないんですね？」

と、何度も念押しをした私に、医師は「大丈夫よ」と優しく答えてくれました。

そして無事、長男は健康体で生まれてくれました。

日本では、帝王切開は赤ちゃんが産道を通らないのでよくないと言われています。それは、赤ちゃんが母親の産道にある、外界の病原体から身を守るための細菌をもらえないため、生まれたあと、体が弱くなる可能性があるからです。

また、帝王切開で生まれた子どもは産道を通っていないので、母とのつながりが薄いという考え方もあります。だから「お腹を痛めて産んでいない子どもへの、母性の芽生えや愛情が不足する」という根拠のない迷信のようなものが世代を超えて根強くあるのです。

私は下の子も帝王切開で産んだので、自然分娩や無痛分娩との違いはよくわかりま

せん。でも、子どもが自分の中にいたことには変わりはないし、痛みという点でも、お腹を切っているので同じです。産道を通ろうが通らなかろうが、子どもに対する愛情は、何ひとつ変わらないと思っています。

私がアメリカで最初の子どもを産んでよかったと思うのは、無痛分娩も帝王切開も自分の意思で選べたことです。病院では手術のあとも、まずは母体のことを考えて「痛みはガマンするな」と言われ、「痛い！」と訴えれば、薬がいいか悪いかは別として、すぐに痛み止めを処方してくれました。

そして、手術でお腹に大きな医療用ホッチキスが20個ぐらい止まっている状態でも、「痛くないんだったら、どんどん歩きなさい。歩く練習をすれば、普通に体は動くようになるから」と言われて、術後3日目には退院。出産は病気ではないのだから、子どもとの新しい生活を早く始めましょう、ということなのです。

これは、1人ひとりの女性が個を持って強く生きていくための、基本的なマインドなのだとつくづく思いました。

母乳を2カ月でやめたワケ

日本の病院で下の子どもを産んだあと、私は10日間入院しなければならなかったので、義母が上の息子の世話をするために、上京してくれました。

それでも私にとって一番の気がかりは、家に残した2歳の息子のこと。「母親と会わせると、恋しくなってかわいそうだから」と、入院中には息子に会えなくなってしまったからです。

そのため私は、1日でも早く退院しようと考えました。息子のときと同じように3日間で退院するには、まずはベッドから出て、体を動かすことが大事です。

でも、そう思って、ベッドから下りた瞬間、体に激痛が……。

私は急いで医師を呼び、理由を説明して、痛み止めをお願いしました。すると、「入院日数は変えられません。ベッドで横になって、痛みをガマンしてください」

と言われてしまったのです。

薬については、母乳にも影響が出る可能性があり、通常よほどのことがない限り出してもらえないとのこと。ニューヨークの病院とはまったく違う反応に、私はびっくりしました。

それでもがんばって、

「前回、アメリカで出産し、3日目には退院しました。2歳の息子もいますし、今回も同じように退院したいんです。仕事にもすぐに復帰するので、お願いします！」

と、検診に来てくださる先生方に、何度も何度もお願いしました。結局、お願いし続けて2日目に、やっと痛み止めが処方され……。

入院期間についても、「あなたは、アメリカの方みたいですね」と笑われながら、5日間での退院をしぶしぶ許可してもらいました。

「交渉し続けてよかった！」と、心の中で、思わずガッツポーズです♡

また日本では、母乳に対する絶対的な信仰があって、母親の役割として、母乳が出る出ないにかかわらず、赤ちゃんが1歳から1歳3カ月ぐらいまでは「母乳にしなさい」と言われます。私が入院した産婦人科医院でも、入院中の新人ママたちを指定の時間に集めて、赤ちゃんがむずかろうが泣こうが放ったままで、授乳講習会を開いていました。それも、「みなさん、こうやって母乳を出しましょう！」とやるので、まるで牧場の牛にでもなった気分です。

最初から母乳がたくさんできる人はいいのですが、私のようにあまり出ない人には、「もっとマッサージをして」と、厳しい指導が入ります。そうなると、まるで「母親失格」と言われているような気持ちになったものです。

そんな「〇〇しなければならない」という、自由意思や選択権をまったく与えてくれない環境が、私には窮屈で苦痛でしかありませんでした。

「すぐに仕事に復帰するので、前回同様、今からミルクと混合にして、２カ月過ぎたころから母乳を徐々にやめたいと思っています。だから、講習会に参加しなくてもいいでしょうか？」

そう看護師さんに聞いてみたのですが、

「いえいえ、出席してください。乳児には母乳がいいんです。１年間はしっかり母乳をあげてください。母親として、よく考えてくださいね」

とまで言われる始末。


仕事にすぐ戻ろうとしていた私の状況を考えて、

「あなたのライフスタイルを考えて、精神的にも身体的にも一番楽な方法を選んでください。母乳でも、ミルクでも大差はありません。重要なのは、ママであるあなたが、いかにいつもハッピーでいられるかです」

「ミルクとの混合で始めたら、どのタイミングからでも、ミルクだけに変えても大丈夫。もし可能であれば、2カ月程度は母乳も少しあげるといいわよ」

と言ってくれたニューヨークの専門家たちとは、あまりにも違う反応でした。


お産は母になるための第一歩目のお仕事。激痛をともなう自然分娩や、赤ちゃんを強く育てるための母乳での授乳から逃げるのは、母としてはもってのほか……。そんな日本の古い価値観にがんじがらめになった声が、どこかから聞こえてきそうでした。

もし私が、1人目の男の子を日本で産んでいたら、この〝母乳で育てなくてはならない〟という考えに縛られて、母乳があまり出ない現実に悩んでいたはずです。そして、「私のせいで、子どもが病弱になってしまうのでは?」「うまく育たないのでは?」と、自分を責め続け、罪悪感を抱えながら子育てをしていたことでしょう。

そう思うと、今子育て中のママたちに、そしてこれからママになる人たちに、「大丈夫、いろいろな方法があるから」と声を大にして伝えてあげたいのです。

子育ては、私の人生の中のかけがえのないひとこま。誰でもない、自分の意思に従って自由に、「私はどうしたいのか」を決めたい!

そう思い、私は1人目の子どもと同様、2人目の子どものときも、生後2カ月でミルクに切り替えました。現在、息子は17歳、娘は15歳ですが、どちらも大病ひとつせずに、すくすくと成長しています。

授乳や手間のかかる離乳食は便利なものをリサーチ

ニューヨークで息子を出産後、2カ月くらい経ったある日、私は息子にあげる粉ミルクを買いに出かけました。すると、お店では日本では見慣れない、すでにミルクができあがった状態の液体ミルクのビンが売られていました。さっそく試しに買ってみると、ビンのフタを取ってそのまま使い捨ての吸い口をつけるだけですぐに授乳ができて、とても便利。

また、そのミルクはおいしいのか、ゴクゴク飲んでくれるうえに腹持ちがよくて、息子に飲ませると満足そうに6時間くらいスヤスヤと眠ってくれました。一緒に外出するときは、授乳はこのビン1本ですむので、荷物がとても少なくてすみました。

日本のママたちは、ほ乳瓶を消毒して、粉ミルクにお湯を入れて温度を計り、それをまた人肌の温度に冷まして……と、1回授乳するのにも時間がかかり、「これで大丈夫なのかな？」と、毎回気を張りながらやらなければならないので、大変ですよね。私も二番目の子どもは日本で育てたので、その大変さがよくわかります。そういう意味でも、アメリカにあった液体ミルクは、ほんとうに便利でした。日本でも今後、市販に向けての動きがあるようです。他にももっと、アメリカのように子育て便利グッズやママ支援グッズが豊富に販売されるといいなと思っています。

離乳食も、自分でつくるのではなく、アメリカではビンに入ったオーガニック系のものが売られていたので、それを使いました。日本から取り寄せた離乳食用の調理器具を使って、いつもできたてのおかゆをつくり、そこに野菜を煮たものを上手に混ぜれば、手間がかからない割には、栄養があっておいしい離乳食のできあがり♡

私は仕事をすぐに再開させていたので、とにかく手間のかからない、でも赤ちゃんにとっては栄養のあるものを、自分でできる限りリサーチして、入手するように心がけていました。

出産前後の夫婦生活をタブーにしない

アメリカで出産を経験してよかったなと思えることはたくさんあります。その中でも「これはいいな」と思ったのは、夫婦の性教育です。

一人目を出産したニューヨークの病院では、図解入りの資料が渡されて、とにかく出産の不安材料がまったくなくなるぐらい、情報をたくさんくれます。**看護師さんが、妊婦の体はどのようになっているか、出産はどんなふうに行われるかということのほかに、妊娠中の夫婦生活についての説明もしてくれました。**妊婦だけでなく、夫にも「妊婦の体はこうなっているから夫婦生活をしても大丈夫。でも、こういうところは気をつけて」ということを詳しく教えてくれるのです。

妊娠中の夫婦生活がなぜいいかというと、**夫と触れ合うことで〝幸せホルモン〟と**

いわれているオキシトシンがたくさん生成されて、お腹の中の子どもにとてもいい影響を与えるからとのこと。むしろ、積極的にしてもいいくらいだということを教えてくれるので、セックスレスになるカップルも少なくなります。下の子どもを出産したときの、日本の病院や母親学級では、そういう最も重要なことを教えていなかったので、ぜひ、取り入れてほしいなと思っています。

母親の体は妊娠を機にどんどん変化していくので、それがどういうものなのか、どうなっていくのかを、妊婦自身もうまく説明できないし、ましてやパートナーである夫がわかるわけがありません。だから、事前にそのことを知識として教えてもらえれば、妊娠中も出産時も、夫婦の共同作業として、よいかかわりが持てるはずです。

また、渡される資料には、無痛分娩や自然分娩のこと、帝王切開のこと、抜糸がいつで、そのあと妻に生理がいつくるかといった細かいことも図解で記してありました。男性は体のつくりが女性とはまったく違うので、こうしたことを知るのはとてもいいことですよね。

出産するときに夫が立ち会うのか立ち会わないのかも、夫の性格に合わせて選ばせてくれて、どちらを選択しても、日本人がよく言う「愛の深さが変わる」などということはない、ということを教えてくれます。

入院中、とても印象的だったのは、看護師さんがほかの妊婦さんの旦那さんに言っていた、こんな言葉です。

「1人の人間を産むことは大変な作業で、心身ともに負担がかかるもの。だから、奥さんのことをあなたが大事にケアしてあげてくださいね。また、赤ちゃんは時間に関係なく、お腹が空いたら泣くもの。夜中に泣いたら、それをケアするのは、旦那さんである、あなたですよ」

それを聞いて、私は心から「ナイス♡」と思いました。そうやって看護師さんに言われれば、旦那さんも「そうか、やっぱり疲れているんだな。だったら、僕がしっかり、奥さんと子どもの面倒を見なければ」と思ってくれますよね。

出産・育児の常識は、ほとんどいらなかった！

多民族社会で形成され、人種や文化が異なる人々が集まるアメリカには、出産や育児についての〝共通常識〟はありません。

たとえば先ほどの母乳の話でいうと、「出ない」という人がいれば、看護師さんが、

「母乳が出ないのは、よくあることなのよ」

と教えてくれる。

「出なくても、しゃぶらせてあげればいいから。それだけで赤ちゃんは安心するわよ」

と看護師さんに言ってもらえれば、不安だって解消されます。

日本には常識に縛られて苦しんでいる人がたくさんいるけれど、アメリカでは「なんでもあり」が前提で、分野によって専門のスタッフたちがいろんな対処法を教えてくれるから、気持ちがとても楽になるのです。

日本にいるのだから、アメリカのようにはできない――そう思う人も大勢いるでしょう。

でも、**あなた自身が、「私は何がしたいの?」ということと向き合って、「この世の中には、〇〇しなければならないということは、存在しないのよ!」と強く思えれば、世間の〝常識のワク〟から飛び出すことができるはずです。**

ただし、子育てについては、専門家に話を聞くなどして、いろいろな方法があるということを知る必要があります。

たとえば私の場合、日本では赤ちゃんは生後2カ月になるまで外出はしないようにと言われていますが、ニューヨークの専門家に聞くと、「家の近くなら大丈夫」ということだったので、生後4、5日目には短い時間ですが近所まで散歩に連れていったり、飛行機にも、生後2カ月には乗せたりしていました。

薬についても、子どもの脚が少し乾燥してアトピーのような症状が出たときには、医者や薬剤師にさまざまな薬のメリットや、副作用などのデメリット、症例などを聞いて、どれがいいのかを選んでいました。

こうしてすべて自分で考えて、いわゆる世間の常識にはこだわらない、人と比べない子育てをしていたので、ストレスはまったくありませんでした。

だから、あとは赤ちゃんに思いっきり愛情を注ぐだけ。

ストレスがないから自分の感情にもムラがなく、私の場合、仕事をしているのでよけいに、子どもをだっこしているときは、１００％が安らぎの時間でした。

子どもがむずかって泣いていても、寝ていても、何をしていても、抱かせてくれている間は、「ママ、今はお休みの時間だよ♡」と逆にハグされているような、あったかーい気持ちになって、心から可愛いと思えたのです。

子育ても、自分らしく、自由にしたいですよね。

子連れで仕事に行くなんて、あり得ない!?

カウンセリングの仕事で多くのお客様の話を聞いていると、**大人になってからのパートナーシップの問題には、「幼少期に、お母さんとどのような関係を築いていたか」が大きくかかわっていることがわかります。**子どもにとって、母親の影響は大きいのです。私自身もそうでした。だから私は、自分自身がどれだけ精神的な安定と余裕を持って子育てを楽しめるかに、いつもフォーカスしてきたのです。

仕事でも、私は子どもと安定したつながりを持ちたかったので、アメリカでは子どもがベビーシッターに預けられる1歳ぐらいになるまでは、オフィスに連れていって一緒に仕事をしていました。子どもが起きているときは、お客様に「息子です♡」と見せながら、「一緒にいいですか?」と聞いて、「いいよ」と言ってくれたら、そのまま仕事の席に。みなさん意外に優しくて、「だっこしようか？」と言って抱いてくれたり、あやしてくれたりしました。

ニューヨークで9・11のテロが起きて、日本に帰国して仕事を再開したときは、さすがの私も、アメリカでならともかく、日本で子どもを連れて仕事をするなんて「あり得ない！」と思っていました。

でも、ちょうどそのタイミングで、お客様に会う仕事が入ったのです。そこで子どもを預けられるところを探したのですが、どこにもなくて……。「どうしよう？」とさんざん迷った挙げ句、これはお客様に甘えるしかないと腹をくくって、ベビーカーで子どもを連れていきました。

すると、「すみません」と恐縮しながら事情を説明する私に、お客様は「いえ、いえ。大丈夫ですよ」と、優しく受け入れてくれるではありませんか！　今でもそのときの安堵感は忘れません。

そうして私は、日本でもしばらくは「すみません」「ありがとうございます」と言いながら、ベビーカーやだっこ紐で子どもを連れて、お客様と面談していました。お客様も、みなさん快く受け入れてくれて、「私も子どもができたら、そうしたい」と言ってくれる方もいました。私はそうした仕事をしながらの子育てが、社会に行き渡り、当たり前になっていけばいいのにと、心から思っています。

子ども時代は、男でも女でも誰もが通る道。みんな大人に見守られながら成長してきたのです。だから**乳幼児を抱えた女性でも、どんどん進出していけるような社会を自ら率先してつくっていく**。そして、**「私がやろうとしても、きっとダメだからやめておこう」と諦めるのではなく、誰もやっていないのなら、逆に自分がトライしていく。**

そうやって1人ひとりが行動していけば、やがて全員が当たり前にできるような社会になると、私は思っています。

添い寝の習慣をやめてメリハリ

私は、仕事と家庭を両立させるために、生活にメリハリをつけて過ごしています。

仕事が多いときは、それこそ朝5時に起きて、子どもたちが目覚めるまでの1時間半から2時間ぐらいの間にやります。その時間はとても集中できるので、仕事が結構はかどります。そして子どもが起きてきたら、そちらに集中。そのあと家事を片づけてから、また仕事をする。そんな感じでメリハリをつけています。夜、夫から食事に行く誘いが入ったときも、それを優先させ、翌朝早く起きて仕事をします。

また、**子どもが小さいときは、添い寝はしませんでした。**

可愛い子どもの横で添い寝をしながら本を読んだりしていると、思わず自分も寝落ちしてしまいます。私の場合、それが気持ちよすぎて、そのあと仕事をするために、疲れを感じながら無理矢理起きなければならない、あの辛い瞬間がイヤで、添い寝の習慣をやめました。これもメリハリですよね。

子どもを育てるときには、やってあげたほうがいいことはたくさんあると思います。でも**私は、「やらなくても大丈夫」ということであれば、あえてやりませんでした。**

就寝時間を決めるのも子どもの成長を見ながらで、朝眠そうにしていたらもう少し早い時間に寝させればいい。家によってそれぞれの事情があるし、子どもの性格やタイプ、体調などを考えながら、ストレスがないようにすればいいと思っています。

それこそ、親としての自分の選択ですよね。

「ちゃんとした子に育てなくちゃ」を手放した

あれは息子が小学校2年生のときです。「学校に行きたくない」と突然言い始めて、毎朝泣くようになったのです。

実はそのころの私は、企業買収のクロージング後に詐欺被害が判明し、悲しみのどん底で立ちすくんでいました。夫がロースクールへ入学することになったため、当初3年間の期間限定で日本には帰国していましたが、すべてを失った当時は、アメリカに戻る道も閉ざされてしまいました。家も引っ越し、インターナショナルスクールに通っていた息子も、日本の学校に編入せざるを得ない状況……。

多くの子と交流するサマーキャンプなどに慣れていた息子は、すぐに友だちをつくれる、と自信満々で日本の学校に出かけていきました。しかし、アメリカ帰りということで、同級生から「お前、英語ができるんだろ？　キモイ！」などとイヤミを言われたり、ドッジボールの時間にはクラスみんなで口裏を合わせて、息子だけにボールを当てたりするようなことがあったらしいのです。

当時、母親である私は、仕事での失態で人生最低のどん底期の真っただ中。自分1人でベッドから起き上がることもできず、首に激痛が走り、ただ普通にしているだけなのに、痛みで涙が止まりませんでした。そのうえ、メニエール病になってしまい、突然起こるめまいにも悩まされていました。そんな最悪な状態のところに持ち上がった、息子の「学校に行きたくない」問題です。

私は、息子が不登校になってしまう不安と恐怖にさいなまれ、無理矢理学校に連れていけばいいのか、それとも気持ちが落ち着くまで休ませてしまっていいものか、わからなくなっていました。

そのときの私はまだ、世間一般の目と評価を気にする〝呪縛〟にとらわれていて、**「息子をちゃんとした男の子に育てなければ！」と思っているところがありました。息子が世間一般から外れてしまうことが怖かったのです。**

だから、なんとしてでも学校に連れていこうと、毎朝泣いて玄関から出たがらない息子の腕を強引に引っ張って、学校の正門まで連れていきました。

そんな毎日を続けていたある日のことです。夜、つくっていた料理の食材が足りなかったので、買いに行こうとすると、息子が言ったのです。

「ちょっと待って！　僕、一緒に行くから」

でも、辺りも暗くなっていたので、私が、

「ママ、１人でササッと買ってくるから、大丈夫よ」

と言うと、息子がこう答えたのです。

「待ってて！　僕、守るから。僕が一緒に行って、ママを絶対に守るから！」

その言葉を聞いて、私はハッとしました。

あの子は私の異変に気づいていたんだ……。

大きな家から小さな家に移り、息子の部屋もなくなって、以前買っていたものも買えなくなって、いつもハッピーにしていたママが、すごく苦しそうにしている……。

そんな様子を見て、息子はおそらく、「僕が学校に行っている間に、ママは死んでしまうんじゃないか？」と、とても不安だったのでしょう。だから毎朝泣いて、学校に行きたがらなかった。それは、私のそばにいて、守るための行為だったのです。


そのことに気づいた私は、そこで初めて、世間の目にがんじがらめになっていた自分の呪縛から、ようやく解放されました。

「ごめんね」と、私は心から思いました。子どもだから何もわからない。そんなふうに思っていたのは、間違いでした。息子はいろんなことをわかっている。そして、「僕がしっかりしなくては」と、一生懸命だったのです。

私はいったい何を守ろうとしていたのでしょうか。

年齢に関係なく、男の子は〝男心〟を持っていて、息子は誰よりも「自分がママを守る」という気持ちが強いのだと思います。そんな息子を目の前にして、私も、「学校に行きたくなければ行かなくてもいい。きっとほかに道は見つかる。何も心配することはない。息子は大丈夫！」と思えるようになりました。

そして、「子どもたちのために、何よりも私が元気にならなくては！」と思い、もう一度人生をがんばろうと、心に誓ったのです。

翌朝、私は大丈夫だということを伝えると、息子は「学校に行く」と言ってくれました。そして私は、そんな息子をギュッとハグして、

「がんばってね！　ママもがんばるね！　一緒だから、がんばれるね」

と伝え、学校が終わるころに正門まで迎えに行く約束をして、家から送り出しました。息子も「ママは大丈夫」と思ってくれたようで、「学校に行かない」と言って泣き続けたあの2カ月間に、ようやく終止符を打つことができたのです。

ママ友付き合いの苦労は上手に回避

アメリカでは、子どもだけで公園やお互いの家に勝手に行ったりはしません。ある一定の年齢になるまでは、子どもだけで出かけることも、家にいることもできないと、法律で決められているのです。

そのため、子ども同士で遊びたいときは、親同士連絡し、遊ぶ約束をして、いつ、どこで、何をするのかを決めます。遊ぶときも、週末はシッターさんではなく、お互いの親が同伴することが多いので、親同士もあっという間に仲よくなります。

アメリカでは、そんなお付き合いをしましたが、日本でのママ友付き合いはしませんでした。そもそも**アメリカには〝ママ友〟という概念がないので、子どもを通じてママ同士で仲よくなるのもならないのも自由**。それに、仕事のない週末に家の近くの公園に子どもを連れていっても、休みに子どもを連れてきているパパたちしかいないので、ママたちとは会えないということもありました。

だから、日本での公園デビューや、ママ友付き合いが大変と聞いて、びっくりしたのと同時に、正直「面倒だな」と思っていました。

実際に子どもが小学生になって、家の近くの公立小学校に通わせていたときは、ママ友をつくったほうがいいのかどうか迷いながらも、子どものために、年に一、二度ある、子どもと親が集まる懇親会や運動会などの大きな行事の手伝いなどには、極力顔を出すようにしていました。

でも、私は若いころから起業していて、海外で暮らしていたこともあり、自分自身の常識や感覚が、日本の世間や常識のワクから少しズレたところにいます。グローバルスタンダードといえばカッコイイのですが、なかなか日本独特のコミュニティーに入り込むのが苦しくて、可能な限り避けたいというのが正直な気持ちだったのです。

とはいえ、クラスの子のお母さんたちには最初に、

「仕事をしているので、すべての行事にはなかなか参加できませんが、大切な行事にはできるだけ参加するようにがんばりますので、どうぞよろしくお願いします」

とは、言っておきました。また、

「私は海外に長くいたので、ちょっと宇宙人的な感覚があるかもしれません。ズレがあったら、遠慮なく教えてください」

ということも、自己紹介のときに伝えていました。

だから、**お母さん同士が子どものことでもめていても、あえてかかわらず、「いい悪い」のコメントもせず、いつも中立な立場でいることを心がけました。**こそこそしないで堂々と、凜とした態度でいたことで、問題に巻き込まれずにすんだのです。

いうまでもなく、子どもがトラブルにかかわってしまったときは、先方と話をして、

お詫びをするときはきちんとする、ということは逃げずにしていました。こうした私なりの立ち位置を守っていたので、幸いママ友で苦労することはありませんでした。

塾・受験への呪縛を手放した結果…

私は上の子が小学生のころから、進路は本人に決めさせようと考えていました。でもあのころの私には、子どもの教育に関して、どうしても解くことができない呪縛がありました。

夫には弟がいますが、兄弟ともに塾通いをしないで、東京大学を卒業しました。夫の出身地の田舎ではそれがとてもめずらしく、義母は「どんなふうに育てたの?」と、人によく聞かれたそうです。夫も、「勉強しなさい」と、ひと言も言われることなく、上手に育ててもらったことをとても感謝していて、私も、夫が母親を心から尊敬していることをすばらしいと思っています。
でも、結婚後、自分自身が母親の立場になると、私にとって義母の存在が大きなプレッシャーに変わっていったのです。

義母は自分の父親を早くに亡くしていて、母親が再婚後に産んだ子である義弟を、36歳まで結婚もせずに１人で大学まで出してあげた〝ガマンが美〟のような女性。どんなときも出しゃばらず、自分のことより家族やまわりの人のために働いていました。人を前に出して、自分はその後ろでサポートするような女性なのです。

しかもその後は、結婚して私の夫とその弟をもうけ、自分は何ひとつ贅沢なことはしないで育て上げ、「いのちの電話」などのボランティア活動も、十数年間休むことなく忍耐強く続けていました。

子どもの勉強に関しては、アメとムチを巧みに使い、上手に褒めながら、本人たちが自然にやる気になるように持っていく――過度な期待を持つこともなく、息子２人を信頼して、塾に通わせることもなく、東大まで行かせた人。どこを切り取っても、文句のつけようがない完璧な妻であり母親なのです。

一方私は、いわゆる世の中の女性のお手本となるような〝ガマンと苦労が美徳〟の義母とは真逆の、〝アンチ・ガマン〟〝ガマンは醜〟の人。欧米で暮らしていく中で、「苦しんだ分だけ報われる」「幸せは苦労のあとにやってくる」という日本の昔からの価値観に大きな疑問を抱いていました。だから私は、**子どもの育て方を義母と比べられることがとても苦しく、息子のことについても、「義母にも『この子はできる』と思われたい」「できる子に育てたい」という思いがものすごく強かったのです。**


そのため、息子が小さいころから、英語塾や算数オリンピックなどの教室に通わせ、小学校4年生から、教育について手厚い私立への中学受験に向けて塾に入れました。夫は自分が塾に入らなくても、受験をなんなく乗り越えてきたので、「息子本人がやる気になれば、塾は必要ない」と言っていましたが、私の独断で入れてしまいました。

そんな理由もあって、息子が塾でいい成績をとると、「今日は褒められたんだよ♡」と夫に報告して、「この子はできる子なんだ」ということをさかんにアピールしました。でもいい成績がとれないときは、夫には何も言えなくて、今度は息子に対して「がんばりなさい！」ということを強く言う。私は、ひどい自己矛盾に陥っていたのです。

その後、家を引っ越して、5年生で息子が転校したある日のこと。「塾に行ってきます」と言って家を出ていった息子が、内緒で塾をサボって近所の友だちと遊んでいたのです。そこに運悪く夫が通りがかって……あとはご想像のとおり。夫は怒って、「もう、塾なんか行かなくていい！　無駄だ！　すべてやめてしまえ」「家にも帰ってくるな！」と怒鳴りまくる始末。

そのあとも二転三転して、結局息子は公立の中学校へ行くことになりました。それが決まったときは、「この子の人生は、大丈夫なんだろうか？」と思い、私が義母のようにもう少し上手に勉強させることができれば、もっと違う結果になっていたのではないかと、罪悪感でいっぱいになりました。

でも、その考えは間違っていたことを、息子自身が教えてくれたのです。

彼は中学でたくさんの友だちをつくり、好きなことも見つけて、毎日とても楽しそうな顔をして家に帰ってきました。その幸せそうな様子を見て私は、ふと、「私は何かの呪縛にかかっていたんだ」と、気づいたのです。

ここで、私が主宰している認定講座の受講生Mさんが、子育てについて、とても大切なことに気づかれたので、その思いをぜひシェアさせてください。

――私は自分をわかってもらいたい、共感してもらいたいという気持ちから、いつも「私は正しい」「あなたは間違っている」ということを人に強要してきました。だから子育てでも、子どもには選択肢をたくさん用意して、自分で選んでもらってはいたものの、心の奥底では「なんで、それを選ぶの?」という自分勝手な疑問や反発心を常に抱いていました。

子どもは親の所有物ではない。体は小さいけれど、1人の人格を持った人間なのだという認識が欠けていたのです。またそれは、自分ができなかったことを、子どもにも実現してもらいたくないという「身勝手な考え」だったとも感じています。

子育てとは本来、子ども自身の行動がどのような結果を招くかを学ばせ、自分の人生や感情に責任がとれるように励ましていくことだと、今は思っています――

私自身、これまで多くを経験し、たくさんの受講生たちとかかわってきて思うのは、**子育てにおいては、子どもの「自己肯定感」を高め、「自尊感情」をきちんと育てていくことが何よりも大切**だということです。そうすれば子どもは、親が何も言わなくても、そのときどきで、「自分はどうしたいのか」ということをしっかり考えながら、自らの力で人生を切り開いていけるようになるものです。

親自身が抱えている問題を子どものことにすり替えたり、親のエゴやプライドを満たしたりするために子育てをしても、結局は子どもにとって、幸せな人生を築くことにはつながらないのです。

私自身も、子どものためと言いつつ、なんのために必死でがんばっていたのか。今思うと、ぞっとします。ほんとうは「伸び伸びと、個性を生かしながら育てたい」と思っていたはずなのに、いつの日からか、親としての目線があらぬほうに向いてしまっていました。世間に惑わされ、一方的に中学受験をさせようとしていた私は、どれだけ子どもにとって意味がないことをしていたのかと、笑ってしまいますよね。

子どもの勉強ペースをコントロールしない

私は今、子どもの教育については、その子に合ったペースで、やりたいようにやらせることが大切だと思っています。とくにそういう考えになったのは、下の子どもをモンテッソーリ教育を取り入れたインターナショナルスクールに入れてからです。

それは、イタリアの医学博士モンテッソーリが考案した教育法で、アメリカやヨーロッパでは3割の子どもが受けているといわれています。0歳から24歳までを4つの発育段階に区切り、その段階に応じた人間形成を行うため、クラスの年齢構成も縦割りで、たとえば幼児期には3歳から6歳の子どもが、その上は小学校1年生から6年生の子どもが一緒に学んでいます。決められたカリキュラムはなく、学校に行ったら個々の子どもが興味のある教科を決めて学んでいく。

たとえば算数をやりたかったら、年齢に関係なく同レベルの子どもたちが集まってグループを組んで問題を解いたり、1人の場合でも道具を使って答えを探したりしながら、わからなくなったときだけ先生に教えてもらいます。難しい問題に取り組みたければ、どんどん先に進めるし、わかりにくいところがあれば、ちょっと立ち止まってゆっくり学んでいけばいい。誰かに追い立てられることもなく、それぞれの子どものペースでやっていけるのです。

その様子を見て私は、子どもはやる気になれば、その子なりのペースでどんどん伸びていくことを知りました。**子どもは自分で勝手に学んでいくもの。だから大人は、「勉強しなさい！」と言う前に、子どもがいろんなことに興味を持って、やる気が出るような環境をつくってあげることが大切なのです。**

モンテッソーリとほぼ同時期に知った、アメリカのボストンにあるサドベリー・バレー・スクールも、とてもユニークな教育方針の学校です。この学校では作家の本田健さんの娘さんが学び、本田さん自身も、仲間と東京サドベリースクールを開校されていて、とにかく子どもが自分で勉強したいと思えるようになるまで、1日中、勉強をしなくてもいいといいます。

しかし、たとえば小学校5年生の年齢になっても九九も言えない、足し算もできないとなると、親は心配になりますよね。それでも先生からは、

「大丈夫です。あなたのお子さんを信じてください。やりたくなったら、すごい勢いで吸収しますから」

と言われるそうです。この教育を受けさせるには、親の理解と協力が絶対条件でしょう。でも実際に、中学2年生まで遊びほうけていた子が、遊ぶことに完全に飽きて、一度勉強という面白いものがあることを知ると、ものすごい勢いで学ぶようになり、結果として、今の学年以上の学力をつけるようになるといいます。

この教育方針の話を聞いて、私は、

◆**どこからでも、本人がやる気になればいい**

◆**子どもにはそれぞれのペースがあって、ほかの子どもに合わせる必要はない**

ということを、改めて確認できたのです。

学歴・将来への理想・期待を手放したら

いま私には、子どもの学歴や将来に対する理想や期待はありません。

それは、たとえお金を稼げないことであっても、**子どもがほんとうにやりたいこと、楽しいと思えることを見つけてくれるほうが大事だと思っているからです**。お金は、そのあとからのことなのです。

とはいえ、初めから私がそう考えていたかというと嘘になります。前にも書きましたが、世間一般の価値観に惑わされ、頭でそれを理解しようと懸命になり……でも心では「ほんとうは、この子らしさを引き出してあげたいのよ」「今の状態でいいの？何かが違うでしょ?」と、叫んでいる状態。こんな相反した思いが自分の中にあるのでは、何をするにも説得力がなく、軸がブレブレですよね。呪縛病、恐ろしやです。

でも息子が中学2年生ぐらいのときに学校で進路指導があって、改めて息子の将来について考えたのです。今は世の中もどんどん変わってきていて、いわゆるいい大学を出て大企業に勤めても、毎日残業、残業で、果てはリストラどころか働きすぎで自殺にまで追い込まれかねない時代。これからは組織ではなく、〝個人〟の力が試されるのだと。

どんな時代になっても、自分に自信を持って〝生き抜く力〟さえあれば、たとえ学歴がどうでも、どのようにでも生きていけるものです。 私自身も、仕事でどん底を経験したけれど、それを乗り越えて立ち直ることができました。また、この世の中で成功している人たちのうち、3分の1の方々は、人生で最低最悪のどん底期を経験しているという話を聞いたこともあります。

それならば大人は、視野のまだ狭い子どものために広い世界を見せて、その中から、

◆**自分は何をしたいのか？**

◆**そのためには、どうしていきたいのか？**

ということをつかみ取っていけるようにしてあげればいいのです。

他人がどう思おうと関係ない。子どもがハッピーに生きていければいいじゃない！ そう思ったら、気持ちがすごく楽になって、子どもの進路に関しては何も言わなくなりました。高校を選ぶときも、

「好きか嫌いかは、実際に学校を見たらわかるかもよ。とりあえず見学してみたら？」

という感じです。

そうすると面白いことに子どもも、どうしたいのかを自分で考えるようになりました。それと同時に、私の接し方が変わったので、反抗期だった子どもが、嘘のように素直になったのです。私も、ガラスの曇ったメガネを取り外して〝息子らしさ〟を見ることで、対等に話せるようになりました。

母親が自分らしく、楽しく働いているのを見るだけでも、子どもは大人になるのが楽しみになるようです。親としても、息子や娘が「将来○○になりたい」「だから明日からこうしたい」と話してくれるのが、とても楽しい毎日を送っています♡

習い事はすぐにやめさせてもいい

習い事は、子どもが好きなことを見つけていく場。「こういうのがあるよ♡」ということを子どもに体験させて、本人が「やりたい」と言ったらやらせます。

そして子どもがやってみて、「面白くない」と言ったら、「もう少しやってみようか?」と様子を見て、それでも「やめたい」と言ったら、やめさせます。

それは私が、習い事はずっと続けなければいけないものとは思っていないからです。


多くのお母さんは「飽き性はダメ」と思っていて、長く続けることに意味があるという呪縛にとらわれているような気がします。実は私は飽き性で、いろんなことに興味を持ってトライしては、やめてきました。

でも、現在の仕事は人生で初めて大好きと思えることで、22年間ずっと続けてきています。今では仕事が趣味で、趣味が仕事のような関係性です。飽き性でも、自分が心から好きなことであれば、長く続けていくことはできるのです。

「どんなことでも、長く続けなければ子どものためにならない」――そんな呪縛は、すぐに捨てましょう。

習い事は親が押しつけるものではなく、子どもが「これが一番好き♡」と思えることを見つける旅。子どもが好きなことを見つけたのなら、ずっと続ければいいけれど、入ったら最後、「続けなきゃいけない」「やめることは恥ずかしい」「お母さんの期待にそえない」などと意識して、「イヤだ、イヤだ」と思いながらやっていたのでは、それこそ逆効果。

大切なのは、子ども自身が、「私にとって好きなことって、なんだろう？」と、前向きに考えることなのです。

やり始めたときはいいと思ったけれど、やってみたら違った――子どもはそれを何回か繰り返していくうちに、「自分には何が合うか、合わないか」という判断軸をつくっていくものです。そうすれば、習い事だけでなく、どんなことに関しても、「自分でチャレンジしてみなければ、わからない」ということを、少しずつ知るようになるでしょう。

「続かないのは失敗ではなくて、経験だったんだ♡」ということを肌で感じながら、〝軌道修正する力〟を身につける。それだけ経験値が増えるのですから、いろんなことをやらせてみるといいですよね。

子どもの結婚相手に夢を持つより…

お母さんたちの中には、「息子や娘をこんな人と結婚させて……♡」と楽しみに考えている人もいるようですが、私には子どもの結婚相手への理想はありません。息子や娘がしっかりしていれば、どんな人と結婚しても幸せな生活を送っていくだろうし、逆にいえば、あまり変な人は選ばないとも思っています。
それは、子どもたちに〝本物を見せる経験〟をさせているからです。

実はうちの夫もそうですが、「子どものころから高級な物を与えると、贅沢を覚える」「スポイルされる」という考え方をする人が意外に多いようです。でも、**子どものころに本物に触れる機会が多ければ多いほど、大人になったとき、自分独自の眼でものごとを選択していくことができるようになると思うのです。**

たとえば服であれば、「これが今年の流行りだから」とママ友が言っている物と似ている物を探して、流行っているからという理由で、買ってしまう人も多いような気がします。でも、それはその人にとっての最高であって、自分には当てはまらないこともよくあること。とくに子育てでは、子どもが自分の意思もわからず、個性のない、まわりに合わせるだけの人になってもいいのかを、考える必要がありますよね。

私の場合は、たとえば美術館に子どもを連れていくなどして、なるべく多くの本物を見る機会をつくって、「これは誰々が描いた絵で、美術史的にはどのような時代背景があって、どこが評価されているのか……」と、説明されているサイトなどを見て、子どもと一緒に「面白いね〜」と言いながら、リサーチするようにしています。食べ物でも、服でも、海外に行くのでも、同じですよね。

子どもは、最初はわからないことだらけでも、回を重ねて本物に触れさせていくことで、自分なりの捉え方を確立していくものです。

物ではありませんが、**結婚相手についても、いろんな人と出会っていけば、「この人は、自分にとっては本物だ♡」と思える人に出会えるはずですよね。**

夫と教育方針で喧嘩になったら

私と夫は、子どもの教育のことになるとよく喧嘩をしました。2人の考えが全然違うのです。夫は昔から、塾に行かなくても勉強がとてもできた人。勉強ができるかできないかの違いは、単純にやる気と集中力の問題と思っていて、勉強でわからないことが重なると、どこから手をつけていいのか、何をどうしたらいいのかがわからなくなる人（小学生のころの私です）、やる気がない人の気持ちを理解できないところがあります。だから、塾も私学ももってのほか。勉強に貪欲でない人の教育に、お金をかける必要はないと考えています。

一方私は、子どものころから、人に教えてもらうことで学べるタイプだったので、手厚い教育が受けられる私学がいいと思っていました。だから教育に関しては、夫婦で全く話がかみ合いません。

ですが、アメリカでは、子ども2人を別々の私学に通わせることができました。（子どもたちの特性や性格を考えたら、それぞれ別々の私学に入れたほうが、向いていると思ったからです。）

入学前に私は、私学嫌いの夫との妥協点を見いだすために、まずは彼が何を大事にしているのかを聞くことにしました。すると、どうやら彼は、自分がずっと公立の学校を出てきたので、「本人にやる気がないのに学費を使うのは無駄」と考えているらしいのです。その気持ちの奥底には、「自分の子どももやる気にさえなれば、学校や環境に関係なく勉強ができるようになる」という思いもあったでしょう。

ということは、〝学費が無駄〟にならなければ、交渉の余地があるかも……。そう考えた私は、子どもをロスの私学に入れるとき、本人が持ち合わせている能力をうまく引き出しながら伸ばしていける可能性が高いことなどを夫に話しつつ、

「こういう学校がいいと思うんだけど、一緒に見に行ってくれる?」

と、行動に移すたびに彼を巻き込むことにしました。実際に見に行って、

「どう思う?」

と聞くと、

「いいんじゃないか」

という夫の返事。そのあとも子どもが入学したときに、

「やっぱりあなたが決めてくれた学校、すごくよかった♡」

と言うと、「そうだよね」と答えてくれました。

学校をリサーチして、見学するところを選択するのは、私の役割。そして、学校に

通う本人の意思確認もしながら、どんな時も最終決定権は夫。我が家では、子どもの教育については、こう基本的に円満にまとめています。

どこに決まろうとも、**そもそもリサーチをして最終見学をする場所を決める権限をもらっているため、夫が「ここでいいんじゃないか」と最終決定をする場所がどこであろうと、全部私がいいなと思っている場所なのです♡**

これからも、こんな風に夫婦で共同作業を行いながら、大切な事柄をいろいろ決めていけたら、と思っています。

学費については家庭によってそれぞれの事情や考え方があるものですが、高校などは国による奨学金や就学支援金、返済不要の支援金などもあります。すでに経験している先輩ママに聞いたり、ネットなどで調べても、たくさん情報があるかと思います。さまざまな制度や、よりよい情報を手にできるよう、早め、早めにリサーチを始めて、夫婦で話し合ってみましょう。

子どもはがんばらせすぎない

子どもに対して、まわりが過剰に「がんばれ」と言ってしまうと、「がんばらないといけないんだ」「苦労したほうが、成功するんだ」と、子どもを追い詰めてしまうことがあります。それでは、みんなが辛くなってしまいますよね。

親にしてみれば、自分がかなえられなかった夢や、「この道に歩んでほしい」という理想を子どもに託してしまうこともあるでしょう。しかし、そこから少しでも外れそうになると、「いやいや、こんなはずではない」と、子どもを自分都合で一層がんばらせてしまう。それでは子どもの個性もどこへやら。悪循環に陥るだけですよね。

だから**子どもを育てるときは、「がんばらせすぎないこと」が大事です。**

そのためにも、何かにトライするときに、「やれば必ずできる！　と小さな成功体験を感じさせてあげながら、やり続けることで自分の想像をはるかに超えた結果を得られる」ということを、本人に体験させるのはいいことです。そのときは苦しくても、自分の限界を知ることは、その後の人生に大いに役立つでしょう。

とはいえ、時代が大きく変革している中、子ども達が大きくなる頃には、働き方も求められる人材も求められる知識やスキルも、そして求める「幸せ」さえも大きく変化していくことでしょう。

少し前にオックスフォード大学が認定した、あと10年で「消えてしまう職業」「なくなる仕事」という記事にはこう書かれています。コンピューターのすさまじい技術革新によって、今後10〜20年ほどで、米国の総雇用者の約47％の仕事が自動化されるリスクが高いという結論に至った、と。

これからの時代を考えた時、今の固定概念、子育て論や教育方針は、一旦〝捨てる

〟勇気が必要でしょう。**考えたいのは、子どもがこれから感じるであろう「幸せへの道」は何か？どんな時代になっても〝生きる力〟を兼ね備えるには？**ということ。

子育ては、どんな選択をしても、プラスの側面もマイナスの側面もあります。マイナス面をどう学びに変え、どう活かせるかは、私たち母親次第です。

たとえ今の環境が完璧と思えなくても、その中でのベストを整え、ベストを尽くす。子どもがその環境に縁があるということは、彼らにとっても必要な学びがあるということ。環境で人生の全てを支配されることはありません。

子どもには、人生をよりよいものに〝変えていく力〟が備えられています。母親には、その力をとことん信じてあげる強さも大切です。

あとは、いつでも、どんな時でも、本音で話せる〝安全基地〟的な役割を担いながら、絶対的な信頼と大きな愛で見守り続けるしかないですよね。

第4章

やめてみた
節約＆お金の管理と、
ファンデーションと、がんばる仕事

買い物は節約より、ときめきを大切にして時短

買い物は、女性にとって欠かせないもの。キレイにディスプレーされたウインドーを覗いて新しい流行を知ったり、ほしい物を見つけたりと、いろいろな発見があって楽しいですよね。私も以前は、買い物によく出かけたものです。

ただ、私はどうもブラブラしながらゆっくり店を見てまわることが苦手なようで、とくに最近は、買い物にはほとんど時間をかけません。たとえば食品であれば、なんのお料理をつくるのかを決めておいて、ササッとその材料を買って終わり。「男の買い物みたいだね」と、よく言われます（笑）。

だから、食料品や日用品から洋服やバッグ、ファッショングッズにいたるまで、ほとんどネットショッピングですませています。品物を決めるときも迷わず、直感で「い

いな♡」と思ったら即決です。

そのときのポイントは、私なりのこだわりがあって、

心が動いているかどうか

どういうふうにそれを活かせるか

の2点。そこから「自分の好き」を満たす物かどうかを見極めます。

買った物に、その瞬間だけでなく、買ったあともずっと愛着を持って、〝ときめいて〟いられるか。そしてそれを、自分の生活の中でどう活かせるかが、大きな判断基準になるのです。


ネットでの買い物は、隙間時間を利用してパパッとすませられるので、とても便利。ベッドに寝転びながら、海外のセレクトショップやデパートで、最近は、インスタグラムのインフルエンサーが着ている洋服が買えるところも気に入っています。

たとえばワンピースがほしいと思ったら、そのとき気になっている色で検索して、形やサイズを見ます。私の場合、基本的には、誰と会うときに着るのか――男性か女性か、夫の知人や仕事関係者か、自分の仕事関係者か友人か――など、そのときのシ

チュエーションによって魅せたい自分を決めて、洋服のタイプや形を選んでいます。

海外のオンラインショップだと、ある程度まとめて買えば、関税はかかりますが、送料が無料になったり、注文から5日以内に商品が届いたりと便利で、値段も日本のブランド直営店やセレクトショップなどで買うよりお得で種類も豊富。それにかわいらしいけど少しだけセクシーな感じなど、女性らしいデザインの物が見つかるので、それこそ〝ときめき♡〟ながら、よく利用しています。

ほんとうにほしい物にだけお金を使うと…

買い物での私のこだわりは、「ほんとうにほしいと思う物しか買わない」こと。

だから、コンビニではほとんど買い物をしません。便利なので、たまに水を買うことはあっても、コーヒーもジュースも、もっとおいしいものがあると思うと、ほしくならないのです。

こうした志向は、ニューヨークに行ってから身についたと思います。

そのきっかけは、現地で初めて家を購入したときのこと。投資物件としていろいろと研究して見てまわった50軒ぐらいの中から、「これは改装したら見違える！」と思える１９３０年建築のBorown Stoonという人気のCo-opのマンションを購入しました。部屋がメゾネットになっていて、サンルームや暖炉なども完備された魅力的な物件です。

そして、その内装を自分で直していきました。１人で壁のペンキ塗りから始めて、モールディングという天井から壁の間に入れる装飾をほどこし、それに合わせたアンティークの家具も入れて……と、次から次へと自分好みの家へと思いを広げていくうちに、ひょんなことから個人でやっている職人さんと出会い、一緒にリノベーションしていきました。すると、古い家が見違えるほど素敵になっていくではありませんか！

日本では、物が古くなれば「新しいのがいい」と、すぐに買い替えていました。でもこのとき私は、**良い物を愛着を持ってアップデートしながら、大事に長く使っていくことの大切さを初めて知りました。**そして、そのことの面白さに開眼したのです。

時間は前後しますが、もう1つのきっかけは、ニューヨークで経営していたビジネスに1回目のどん底期が来たときのことです。どうしたら生活レベルをさほど落とさずに、仕事に復帰できるのかを考えました。当時住んでいた高層マンションは、ドアマンもいてジムやプールつきの40階。そこをすぐにでも出て、家賃を極限まで下げなければならない……と、途方に暮れていたときに思いついたのが、頭金を用意して、住宅ローンを支払う方法。それなら、毎月の支払いを3分の1に落とせます。しかも、不動産投資としても、タイミングのいい時期だったのです。

そこで私は、まずは資金づくりのため身の周りの物を、日本へ売りに出すことに。たまたま良い物ばかりだったので、買ったとき同様の、とてもいい値段で売れました。たとえば、アメリカでは年に2回ほど、ブランド店の大セールがあります。そのころ私は、年齢が若くて似合わなかったのに、恥ずかしながらシャネルにはまっていた時期があり、セールを狙っては、日本のお店の70〜80%オフで洋服などを買って、少しずつ増やしていました。それらが３、４年着たにもかかわらず、日本のブランド古着専門店に送ると、購入した金額よりも１・５〜２倍で売れたのです。

そのことは私にとって大きな衝撃でした。ブランドの名声だけでなく、一流のプロによって手間暇かけてつくられた物は、大事に使っていればいつまで経っても〝価値ある物〟。**良い物は、大事に使っていけば〝循環〟させられるのです。**

とはいうものの、気に入ってコツコツと増やした大切な物をすべて手放さなくてはならなかったので、とても悲しかった……。大事に愛着を持って使っていた物を手放すことほど辛いことはなかったのです。

でも、そのおかげで環境が悪い地域にあるボロ屋に引っ越すこともなく、手直しをすることで、見違えるほど投資価値のある家を買う頭金をつくることができました。この時、**「物にはあまり執着するものではない」ということを教えられたのです。**

それからは、「物ってなんだろう？」とすごく考えるようになりました。そして、ほんとうにほしい物にしか、お金を使わないようになっていったのです。

もうファンデーションはいらない

20代のころ、私はほとんど美容オタクで、新しい化粧品が出ると、すぐに買ってチャレンジすることが好きな人でした。ありがたいことに、昔から肌はノートラブルだったので、自分に合うか合わないかを考えたこともなく、それこそ「いい♡」と思うままに使っていました。

でもニューヨークにいたころ、ある日突然、口の下あたりの肌がすごく荒れ始めて、ニキビのようには潰れない、赤っぽいぶつぶつがたくさんできたのです。化粧品を替えても、肌荒れ用の市販薬を塗っても、まったく治りません。

そんなことは生まれて初めてだったので、私は雑誌などでトップランキングに入っている皮膚科を急いで調べ、すぐに駆け込みました。すると、

「一度、いま使っている化粧品を全部やめてみましょう」

という先生のひと言。それまで使っていた基礎化粧品、ファンデーションのうち、どれかに肌荒れの原因があるはずなので、まずはすべてをやめなさいというのです。

「えーっ！　肌が汚くなっているのに、外にも出られなくなる!?」

そんな思いもあったのですが、とにかく治したかったので、私は「わかりました。やめます！」と答えました。

そしてしばらくの間、「これなら大丈夫」と先生が出してくれた基礎化粧品以外のものは何もつけないスッピン状態を続けました。そうすると……みるみるうちに肌荒れは治り、顔全体の血色がよくなって、以前はファンデーションで隠していた肌の黄ばみやくすみが、まったくなくなっているではありませんか！　先生が言ってくれたとおり、やめてよかったのです。

それでも10年間ぐらいは、基礎化粧品は皮膚科の先生が出してくれる物だけを使っていました。そのあと少しずつ違う物も使うようになりましたが、**顔の基礎的なお手入れは今でも〝シンプルで、自分にとっていいもの〟を心がけています。**

洗顔はビーグレン（b.glen）の洗顔料を使用していますが、基本的に朝はそれも使わない水洗顔。小顔処方で有名なサロンの先生のオリジナル商品であるオールインワンクリームをたっぷり塗って、あとはオーガニック系商品のオンラインショップ・アイハーブ(iHerb)の日焼け止めか、肌を治してくれた皮膚科のDr. Dennisが開発した、ライトベージュの日焼け止めを塗るだけ。

そして常にファンデーションはつけない――それが、いつもの私です。

やみくもには食べない

ニューヨークで顔の肌荒れに悩んでいた私は、皮膚科に通うのと同時に、体そのものも改善していこうと、2年間ほどベジタリアンを続けていました。

野菜中心の限られた物しかとれなくなると、その中での食にこだわるようになります。野菜も、オーガニックの物がいいというので、専門店に行っては買い求めるようになりました。

そうしているうちに、私はあることに気づきました。化学的な添加物のないものをふだんとっていると、今度は逆に、一般の食品を食べると、「何これ？」「化学的な味がしない？」と、その違いがわかるようになったのです。

そのころからでしょうか。**私は食べ物についても、菜食主義やオーガニック系の物にこだわるというよりは、「適当には食べない」ということを意識するようになりました。**ふだんコンビニでは食べ物を買わないというのには、こうしたワケがあったからなのです。

「オーガニックだけ」の信仰はやめた

10年間続けた皮膚科の先生のプロダクツからも、大いに学んだことがあります。

顔の肌荒れを治し始めたころは、私はオーガニック系にこだわっていました。でも実は、先生が出してくれたのはオーガニック系ではなく、ケミカルな化粧品。私の肌が荒れたのは、以前使っていた化粧品のオイル系成分が合っていなかったのが原因とわかり、その成分が入っていない物を出してくれていたのです。

天然の物だけがいいというわけじゃないんだ……。

私は、自然の物と、自分に合った化学的な物を、うまく選んで使っていけばいいということを教わりました。

だから日常で使う洗顔は、治療にかかっていた間は先生がつくったクレンジングを、今は私の肌に合うものを探して使っています。そしてシャンプーなどのヘアケア用品は、オーガニック系だと私の髪はパサついてしまい、商品によっては、おでこや頬のあたりにぶつぶつができてしまうので、私の髪のケアに効果がありそうな物を選んで……と、成分だけにあまりこだわりすぎないで、自分の今の状態に合った物を選んで使うようにしています。

肌に関しては、いつも気を遣っていたいもの。でも**毎日のケアは、「こうじゃなきゃ、**

ダメ」と決めつけてしまうと、しんどくなります。自分の生活のリズムを変えることなく、楽にできる物を選びながら、ストレスなしにやっていきたいですよね。

「いいことしてるよ、私♡」

と、思えるぐらいなのが一番いいのかなって、思っています。

メイクアップは自分で決めないほうが早い

メイクはシンプルにしていますが、流行りもあるし、私自身が年を重ねているので、いつまでも同じ物は使わずに、１年に１回か２回は、その時の自分にマッチするものに変えるようにしています。

ニューヨークに住んでいたときは、バーニーズの地下にある化粧品売り場に、新商品が続々入ってきていたので、流行りの動向を見ていたものです。それと同時に（最近はなかなか時間がつくれなくて年1回になりがちですが）**夏と冬は化粧品ブランドのメイクカウンターに必ず行って、ビューティアドバイザーに教えてもらいながらメイクを変えていました。**ポイントは色のトーン。それに合わせてアイブローや、アイシャドー、チーク、リップカラーを選んでいきます。

髪の毛の色を変えたり、肌を焼いたりするタイミングにも、色のバランスが変化するので、メイクを変えています。

カウンターに行くのはほとんどが海外にいるとき。日本ではその人に似合う色というよりは、そのときの流行りを勧められたりするので、あまり行きません。ボビィ・ブラウン（BOBBI BROWN）の化粧品が流行っていたころは、ニューヨークのお店のカウンターによく行っていました。そのときメイクをお願いしていたのはゲイの男性。彼らのセンスは抜群で、男性的な目線と女性的な気遣いを持ちつつ、プロのテクニックがあるので、とてもいいメイクの先生なのです。

私が美容院とネイルサロンをガマンしない理由

みなさんは、美容院にどのくらいの頻度で通っていますか？

「もうそろそろ行かなければ」「なんとかしなきゃ！」と気になりながらも、日々のことに追われて、「なかなか行けない」という人も多いのではないでしょうか？


私は、美容院には２週間に１回通っています。

私が今、最も気になっているのは、最近少しだけ顔を覗かせている白い髪の毛（笑）。

そこはきちんとケアしたいので、自分のためにお金を使っています。

「仕事で行けないし……」「もうちょっとガマンしなきゃ」と思うこと自体がストレスになってイヤなので、その感覚をなくしている感じでもあります。


仕事や家事などが忙しいからといって、買い物をするのにも自分をケアするのにも、

「ま、これでいいか」と妥協してしまうと、それだけ毎日の生活にワクワク感がなくなってしまうので、逆にそうならないようにしているのです。

ネイルサロンも、スケジュールが空くとすぐに予約を入れます。忙しい方はサロンではオーナーの方に担当してもらうのがおすすめです。お店にもよりますが、予約変更をしなければならないときも、ＬＩＮＥで直接連絡ができたり、融通を利かせてくれたりするので、私はとても助かっています。

あとは眉毛カットも月１回、仕事でヘアメイクをするついでにお願いしています。流行りの眉の形を取り入れたり、自分に合った形やその描き方などを教えてもらったりも。眉毛は、顔の印象を決める大事なパーツ。料金も数千円とてもリーズナブルですし、第三者の目を通して自分の顔を知れるので、みなさんにもお勧めします。

年を重ねていくことの課題は、アンチエイジングより、自分の顔や体の変化と仲よくなること。「変化を認めて、仲よくなる感じがいいな♡」って、思っています。

自分のハッピーをあとまわしにしないコツ

日本では、毎日のことに追われて、「自分の時間がない」「自分のためだけにお金を使えない」と諦めているママさんをたくさん目にします。

私も家庭や仕事を持っているので、その気持ちはとてもよくわかります。

でも自分のやりたいことを我慢したり、あきらめては、永遠に自分をハッピーにすることはできません。


だから私は、自分がワクワク、ハッピーになれる時間を、常に優先するようにしています。たとえば2週間に1回の美容院の予約をスマホのカレンダーに一度入れたら、よほどのことがない限り、動かさない。私のカレンダーには、一番にはどうしても子ども関連の大事な行事が入りますが、その次には必ず、自分の予定を入れています。仕事はそのあとです。

「これができたら、ものすごくハッピーな気持ちになれる。嬉しくなる♡」それを、先にスケジュールに入れて、やるしかない状態をつくってしまうのです。

美容院の予約であれば、

「この日は、髪をキレイにするための用事があるから、ほかのことはあとに回す！」

ぐらいの気持ちで、決まり事として優先させる。

それでも、

「自分だけのために、時間とお金を使って、ほんとにいいのかしら？」

と、迷う人もいるでしょう。

でも、最初はほんのちょっとしたことでいいのです。時間とお金は工夫しだい。どこかに出かけた際におしゃれなカフェなどに立ち寄って、コーヒー1杯でもいい……1人ゆったりとした時間を過ごす。そんなふうに小さなことから一度行動に移してみると、意外にすんなりとできるようになるものです。

すべてのことから解放されて、自分を満たすために使う時間は、とても貴重です。

自分がハッピーになれることをいつも選んでいくこと

その選択においては、常に「ま、これでいいか」という妥協をしないこと

この２点を胸に、今日からあなたの時間をつくりましょう。

あなたがハッピーになるためには、「無理かな」「まあ、これでしょうがないか」という言葉は、もういりませんよね。

お金の管理をやめたら喧嘩が減った

私たち女性がハッピーに生きていくためには、時間のこともありますが、夫婦のお金のことがネックになっているという人も大勢いると思います。

私と夫も、以前はお金の使い方のことで、喧嘩や意見の食い違いがよくありました。

また、夫がお金を管理しているときは、自分の物を買うのにも夫に気を遣ってコソコソ買ったり、高価な買い物はあえて伝えずにクローゼットの中に忍ばせておいたり……なんていうこともしばしば（笑）。

でも、第3章でも述べたように、生活の基盤をロスに移し、遠距離結婚生活を再開したころからは、それぞれが経済的に独立して、夫婦でのお金の管理をしなくなっていきました。そうすると、互いに自分のお金だけを見ていればいいので、「これは私のお金でしょ！」ということがまったくなくなり、相手がお金をどこにどう使うかなど、まったく気にならなくなったのです。

今から考えると、やはりこれは、私が経済的に自立しているからできたことだとは思います。私たち日本人女性は、どうしてもどこかで、

「家賃や生活費は、夫が出すもの」

という固定観念に縛られがち。

また、人は自分で稼いだら稼いだで、そのお金を自由に自分だけのおこずかいにしたいと、思ってしまうものです。

でも、それでは夫婦喧嘩の元になるだけ。**古い価値観を捨て、お互いがフェアーな関係を築けるように、マインド的にも自立することを心がけるといいと思います。**

私の知り合いのアメリカ人夫婦と比べても、日本人女性は、「家のお金は夫が稼ぐもの」という考えがあまりにも当たり前になってしまっているのかもしれません。でもそうなると、お金＝夫の持つパワーがとても大きくなってしまい、結果的に私たち女性はそのことに縛られ、失うものがたくさんあるということに、いち早く気づかなければなりません。（専業主婦の方は174ページもご覧下さい）

私は夫にお金の管理を任せるのをやめたことで、相手に何も委ねずに、常に自分のパワーを持ち続けられるようになりました。もちろん、夫婦の基本はパートナーシップなので、夫のニーズもかなえながらではありますが、自分のことはすべて自分で決めていけるようになったのです。
夫とのパートナーシップで、「寄り添いすぎなくてもいい関係」をつくることができたのは、とても大きかったと思います。

「イヤなことはイヤ」とはっきり言えて、「自分がどうしたいのか」を失わずにいられることは、良好な夫婦関係を長続きさせるためには、欠かせないことでしょう。

家庭を管理するために必要なお金の配分は、夫婦でじっくり話し合って決めたいもの。わが家では、基本的に家賃や生活にかかる費用等は折半、その他もろもろ、娯楽費を含む諸経費等は、2人ともそれぞれのタイミングで支払う……というように、大まかに分け合っています。

資産家たちはクレジットカードを使っていなかった

最近は、オンラインショップなどでのネット決済が増え、クレジットカードを使う機会も多くなっていますが、カードの使いすぎには注意したいものですよね。

私も以前は、買い物ではクレジットカードを使っていました。でも制限なく使えてしまうので、必要のない物まで「とりあえず買っておこう」と、ついつい買ってしまう。そのため、「どうでもいい物」が増えてしまうのがイヤで、カードは使わず、現金払いに変えてみました。

すると、一見よさそうな物でも、
「これ、ほんとうに私に必要な物なのかな？」
と、ワンクッション置いて考えられるようになったのです。だから私は、日本にいるときは、大きな物を買うとき以外はいつも、現金もしくは自分の銀行口座からすぐに引き落とされるデビットカードを使っています。

お金を自分の目で見えるようにして、その動きを手元で管理しているのです。

アメリカは日本以上にカード社会なのですが、向こうでもデビットカードを使っています。高額な物以外はクレジットカードは一切使っていません。

日本人のように長財布に札束や手持ちのクレジットカード全部や、ポイントカード類を入れるイメージではなく、少額のお札と1、2枚のクレジットカードやデビットカードを、小さめのお財布に入れて持つイメージ（男性はマネークリップを使う人も多いです）。

ロスで息子と娘を私立の学校に通わせていたときは、学友の親がものすごい資産家ばかりだったのですが、彼らは常に言っていました。

「お金を正しく管理するためには、その動きを自分で知ることが大事」

金額や用途によって、アメリカンエキスプレスの〝ブラックカード〟（分割払いが不可能なクレジット機能を持たない）を利用し、それ以外のものは現金や銀行のデビットカードで支払うなど、クレジットカードを利用しない人が多かったです。

お金の動きを知って、自分にとって意味のある物だけを手に入れる——とても大事なことですよね。

自分の「一番」のためには節約も見栄もやめる

私には、いつも心に決めていることがあります。それは、

「私の中に一番目の選択があるのに、二番目、三番目の選択はしない」

と**いうことです。その一番目の選択のために、「節約」はしません。**

たとえば、新幹線に乗ってどこかへ移動するのに、グリーン車か普通車かの選択が

あるときは、私にとってはグリーン車という、誰にも邪魔されない空間を手に入れることが大切なので、そこでは節約をしません。

ただし、自分にとって二番目、三番目のどうでもいいことに対しては、「こっちのほうがよさそうだから……」ということでお金を使ったりしません。


そして、「見栄」でもお金を使いません。


若いときは、エルメスなどのハイブランドの商品など、いわゆる世間で〝いい物〟といわれているものは、常に身につけていました。それは、「こういう物を、持っていたほうが周りに認められる自分になれる」という感覚で物を持つことでしか、〝自分の強さ〟や〝成功している感覚〟を表現できなかったからです。

しかし、40歳を過ぎたころからでしょうか、

「私は私。自分が好きなら持つけれど、好きじゃないのに、見栄でこれを持ったほうがいい、みんなにカッコよく見せたい、なんていう理由で持ちたくない!」

そう思ったのです。

だから今は、好きな物しか身につけません。**「私はこれが好き」という確信があれば、ハッピーな気持ちで自分を表現できるのです。**

若い人の中には、「体験してみなければ、わからない」という人もいるでしょう。そういう人は、**自分のやっていることが単なる「見栄」か「自分がほんとうに一番好きでやりたいこと」なのかを意識しながら経験してみる価値はあると思います。**

それをすることで、ものごとの捉え方の幅を広げ、そのうえで「見栄」か「一番」かのふるいにかけていくといいでしょう。

子どもの贅沢はNGじゃない

私の講座の生徒さんに、外国人と結婚した方がいます。

バツ1同士の2人には成人した子どもがいて、旦那さんは大きな法律事務所でパートナー（共同経営者）をやっているような稼ぎ手。ところが結婚してみると、彼は自分の娘さん2人に「高級車を買って」「バッグがほしい」「洋服を買って」と言われる

まま、買ってあげているというのです。彼女は、

「娘たちはいずれ結婚するけれど、父親のように稼ぐ人と一緒になれるかどうかはわからない。もし、あまり稼がない人と結婚することになったら、どうするの？」

そう思って「その甘やかし方は、あり得ないでしょ！」と言うと、彼は、

「僕は、娘たちにしてあげられることは、できるだけしたいからやっている。もし、僕がいなくなって、娘たちがお金のない人と結婚したとしても、彼女たち自身で今の生活を維持できるような教育を与えたから、大丈夫だよ」

と言ったというのです。


親から節約をたたき込まれる日本人とは、ずいぶん違う考え方ですよね。

でも、私も彼の考え方と同じです。それは、親が生活のスタンダードを上げてあげると、子どももそこからレベルを下げたくなければ、自分でがんばるようになるからです。私の場合は、親というより自分自身でスタンダードを上げましたが、ステージをそこから下げたくないから、今までがんばってこれた。**そこにいるのが当たり前になるから、当たり前の場所を維持するために、自分で努力も行動もするのです。**

そのために大事なのは、子どもが小さいときから、お金の教育をすること。「クレジットカード」や「節約」「見栄」などの項目でもお話ししましたが、お金はこうして使うものだということを教えておくのです。

そのうえで、子どもは世界を知らないので、彼らの選択の幅を広げるためにも「本物」を教えています。そういう意味では、多少の贅沢はさせています。

たとえば子どもの心情に、見栄のためにいい服を買いたいというのが見えたときは、頭ごなしに「ダメ」と言うのではなく、経験値として一旦買ってあげて、「じゃあ、あなたはどう感じるの？」と、子ども自身に考えさせるようにします。そして、物は大切に使えば、長く楽しめるということも教えます。

それでも、子どもが後先何も考えずにお金を使いすぎて、どうしようもなくなるようなこともあるかもしれません。でもそれも、経験として通らなければならない道。「子どもにとって必要なこと」ということでしょう。親としては、間違った道に行かないように、温かく見守ります。

お金も人生も、すべては経験から始まると私は考えています。

経験値が増えるほど、その人にとって大事なことが蓄積されていくのです。

メールもラインも世話もやりすぎない

私は講座の受講生さんから、相談のメールをよくいただきます。そしてその**返事は、できるだけ短くすることを心がけています。**

それは、その答えは誰かほかの人が持っているものではなく、受講生さん自身の中にしかないものだから。**自分の答えは、自分で見つけるしかないのです。**

占いと同じで、「この人に聞けば、答えを与えてくれる」と思うと、人は自分で考えることをやめ、他人に依存してしまいます。そしてもし、それがうまくいかなかったら、どうでしょう？　その答えをくれた人やその答え自体が悪いことになって、自分以外のもののせいにしてしまうのです。

そうしている限り、人はずっと、状況を変えることはできません。答えは誰もが自分の中に持っているもの。今はそれが入っている〝引き出し〟が見つからないから、不安になっているだけなのです。

私は講師として、生徒さんがその〝引き出し〟がどこにあるのか、どう開けるのかがわからないでいるようなときは、ヒントや助言を出すことがあります。ただそれも、**一方的に私の考えを伝えるのではなく、質問形式で問いかけながら、相手が自分の答えに気づけるように心がけています。**

それは、自分としっかり向き合い、自分の中にある大切な想いを、自ら引き出し、かなえてほしいからです。講師として、すべてを生徒さんに委ねる。そんな勇気が大事だと思っています。

ただ、そのために大切なのは、生徒さんへの絶対的な信頼です。生徒さん自身のタイミングとペースで、答えを必ず導き出すことができると信じ、彼女たちの手を、前から引くことは決してしません。

どんなときでも、力強く前進していくのは彼女たち自身。**失敗してもいい。何度でもやり直せばいいのです。**私は、生徒さんたちが安心して前進できるように、「いつもここにいるよ♡」「大丈夫よ〜」と後方に控えている。

そんな考え方と姿勢を大事にしています。

そうすることで、いつの日か、生徒さんとも〝あうんの呼吸〟になっていき、「先生から返事がない。あ、そうか。自分で答えを考えなさいっていうことだ」と、気づいてくれる。私は毎日、メールの内容をちゃんと読んでいて、ほんとうに必要なときは、すぐに返事をしています。そのメリハリを学び取ってほしいのです。

このことは子育てでも夫の世話も同じ。**みなさんは、やりすぎているのです。子どもや夫の世話については、母親や妻として完璧になろうと努力するのではなく、少し抜けているくらいが丁度いい。**

「完璧」は、相手が成長できるタイミングを奪っているのです。

人は、問題を解決する力を身につけることができず、いつも誰かに依存しながら生きていると、自分ではコントロールできない相手の都合にいつも影響され、不確定事項に振り回されて疲れ切ってしまうことになります。**まずは１人ひとりが、個として、「自律」（自らを律しつつ、まわりと融合すること）と「自立」（自らの力で立つこと）をバランスよく意識していくことが必要なのです。**

そういう意味で私たちは、みんなが同じであることを好む集まりではなく、１人ひとりの個性を活かせる集まり＝コミュニティをつくっていきたいですよね。

最近はスマホでもＰＣでも、メールやＬＩＮＥの通信がすぐに見られるようになって、便利な反面、その対応に追われている人をよく見かけます。それも、たとえば私が生徒さんたちに対して行っているような、**ブレない〝自分なりの返信の基準〟があれば、何も問題はないはず。**

完璧な基準でなくていいのです。その基準に沿って、自分ができる時間に対応していけば、まわりが自然に理解して、合わせてくれるようになります。

ただし、自分なりの考えをしっかり事前に伝えておくことも大事です。

まわりに合わせるのではなく、合わせてもらえるような自分になる。

大事なのは、「○○をしなければならない」というワクをつくらないことです。

仕事は「好き」でも増やさない。「完璧」もやめる

仕事に関しては、業種や職種によっても変わるので一概には言えませんが、私の場合は、起業家になってからは、常に何もない0ベースから、試行錯誤を重ねながら1つひとつの形にしてきています。

そのため、今活動していることすべては、自分が心からやりたいと思って自らつくり上げたもの。子育てのように、大切に育てています。でもときには、「〇〇しなければならない」仕事もありました。そんな仕事にはなぜか気持ちが集中できず、終わったときには心の中がモヤモヤ……不完全燃焼状態に陥ったこともあります。

また、たとえ好きな仕事でも、キャパを超えてスケジュールを詰めすぎたり、仕事量を増やしたりしてしまうと、結局、自分が目指すクオリティの仕事ができなくなり、心の中がモヤモヤ不完全燃焼状態になってしまう。だから今では、**〝好き〟を理由に、「少**

し無理をすれば、できるかも？」という思いで、無理をして仕事を増やすことはしないと決めています。

でもそれが、キーパーソンのような大事な人からの依頼があったときには、どうでしょう？　たとえば今、いくつか抱えている仕事があり、その中で優先順に必死に片づけている最中だとします。そこに、自分にとって大切な人から依頼があったら？

その場合私は、**大切な人からの仕事が自分にとって重要で「受けたい仕事」であるのなら、当然受けます。**そして、優先順位の一番目にその仕事を入れて、今抱えているものの順番を入れ替えます。もちろん、**今抱えている仕事にも支障が出ないように、私しかできない部分はどこなのか、ほかの人ができる部分はどこなのかを見極めて、まわりに依頼を出すようにしています。**

仕事を片づけていくうえでちょっと気になるのは、真面目な人ほど完璧さを求めて時間をかけて処理していく人が多いことです。でもそれでは、時間が流れていくばかりで、なかなか先には進めません。

だから完璧にする必要はないのです。完璧主義さんの8割は、ほかのみんなの10割であることが多いもの。完璧さにこだわりすぎず、**まずは10割の全力で8割の完成を目指す。それができたら、そこからどんどん進化させていく。**私流ではありますが、この方法が、最後までやる気を落とさずに完成させるコツです。

1人で仕事を抱え込むのはやめましょう

「毎日が仕事でいっぱいいっぱいなんですが、どうすればいいでしょう?」

私は仕事である程度キャリアを積んだ受講生から、そんな質問を受けることがあります。みんな連日夜中まで働いて、自分で全部を抱え込んでしまっているのです。

だから私は彼女たちに、こう言っています。

「自分1人で仕事を抱え込むのはやめて、手放していきましょう」

これは本人の負担を少なくするということもありますが、組織の上の人が仕事を抱え込むと、部下たちがその仕事に携わるチャンスや経験を奪っていることにつながるからです。もちろん、経験者である自分がやったほうが、かかる時間は少なく、クオリティーも高い仕事ができるでしょう。

でもそれは、短期的視点で見た結果でしかありません。部下が育たなければ、永遠に「自分だけが大変」な状況が続くことになります。だから長期的な視点を持って、信頼して任せられる人をじっくり育てることが必要なのです。そうすれば、チーム力が高まり、もっと大きな成果を出せるようになります。

そうなると「私がやることがなくなっちゃいました」と言う人もいるのですが、「あなたは、もっと高い目線で考えることがあるんじゃない？」と私が言うと、次のステップの仕事を考えたりします。

余裕を持つことは大事です。前項でも述べた仕事での完成度と同じく、自分を稼働するのは8割にする。そのあとの2割の余裕が、結果を変えるのです。

とくに女性は、結婚して、子どもができて、仕事をして……となると、マルチにならざるを得ません。そこに2割の余裕があると、それを使えるようになる。たとえ急に何かがあったときも、いつも貯めてきた2割の余裕があると思えば、心にも余裕ができて、スムーズに対処できるのです。

そうなれば、自分のためだけでなく、ほかの誰かのためにも時間を使えるようになります。その時間は、ただボーッとしているだけでも、なんでもいいのです。

もちろんそのための大前提は、8割の中でベストを尽くすこと。8割のベストがあるからこそ、2割の完全な余白ができる。たとえ感覚的なものだけで、実態はないとしても、それだけで心に余裕ができるものなのです。

仕事などで自分がパンパンな状態だと思うと、苦しくなるもの。でも、

「パンパンだあ！」と思いながらも、

「あ、まだ2割あった♡」と思えると、

余裕が感じられて、気持ちがとても楽になりますよね。

第5章

手放すために
マインド準備と、練習、
リストづくり

夫をコントロールしようとしない

ここまでは、実際に私が「やめてきたこと」を紹介してきましたが、第5章では、「やめる」ために、どのようなことを心がけてきたかをお伝えしましょう。

「世間の目が気になるから、やらなきゃいけない」
「親がやっていたことだから、当然やらなければならない」
「妻だから、母親だから、やらなければならない」

私たちがこれまで、そう思って当たり前のようにやってきたことをやめるには、**まずは自分から変わることが大切です**。自分の幸せを求めるためには、私たち自身が変わらなければ、何も始まりませんよね。

しかし、夫との関係はとても大きいけれど微妙なもの。夫にイヤな気持ちを与えないようにしながら、自分のやりたい方向に持っていくためには、**「相手を自分のいいように動かすこと」を捨てます。**

なぜならば、自分がされたくないようなことは、夫もされたくないからです。

そして、**夫がどういう人なのか、タイプを見極めます。**

うちの場合、夫はコントロールされるのが一番嫌いで、自由が大事な人なので、夫婦間でも、ある程度は距離を置く必要があります。だから、**そこは絶対に侵さない。つまり、彼をコントロールしないということです。**そのため、彼の安全地帯には決して入っていかないし、自由を奪うような言動もしません。

人はコントロールしなくても、コミュニケーションのとり方、言葉の伝え方によって、こちらの意図を快く受けてくれるようになるもの。何かやってほしいことがあれば、「こうしてほしい♡」ということを素直に、気持ちよく伝えていけば、相手もわかってくれます。**自分の素直な気持ちを、いつも伝えていけたら、陰でコントロールする必要はまったくなくなるでしょう。**

もし、そこで伝わらなかったとしても、「やっぱりダメだった」と、すぐに諦めるのではなく、相手にわかってもらえるまで、タイミングや表現を変えて何度もチャレンジする。私の場合、いい返事がもらえなかったときは、めげずに、まるで新しいことを言うように、何度でも伝えています。

「それ、この間言ってたじゃん」と夫に言われると、「え？　そうだった？」みたいな感じで、とぼけちゃったりして（笑）。

「最終的には、絶対にやってもらおう！」と思っているのですが、伝わらないときに、「もう！　この人最低！　どうしてわかってくれないの？　優しくない！」などと、相手を否定するのではなく、自分の交渉力が足りないと思って、練習、練習です。

同じ１つの言葉でも、発信側と受け取り側ではその意味合いが違ってしまうことは、たとえ夫婦間でもよくあること。自分が伝えたいことを、どの言葉を使って、どう説明すれば、相手に理解してもらえるのか、相手の心に届くのか――私の場合、１つのゲームをクリアするように、そのことを楽しく考えています。

ポイントは「どんな言葉で、どう表現すれば、相手の心に届き、相手を動かすことができるのかな？」と考えること。あなたもぜひ、試してみてください。

離婚は決してタブーじゃない

私のところには、夫婦関係のことでたくさんの方が相談に来られますが、そのうち1割程度の方が、離婚を選択されています。

その中でも「最初から相手が好きで結婚したのではない」という〝誤った結婚〟のパターンがとても多く見受けられます。お互いに相手をどう想っているかよりも、「この人だったら、結婚してくれる」「すぐに結婚できそう」という理由で結婚に踏み切っているため、何年かして「こんなはずではなかった」と気づくのです。

私は夫婦関係については基本的に、相手からのＤＶやモラルハラスメントなど、心身ともに傷つく関係があるのであれば、継続する意味はないと思っています。

自分が幸せになる人生を歩むためには、離婚は決してタブーではないのです。

とくに〝誤った結婚〟の場合は、軌道修正したほうが、お互いにとってよかったと思えるケースが多いようです。

離婚の理由で次に多いのは、旦那さんのことをものすごく傷つけるようなことを奥さんが何度も言ってしまって、夫婦関係が元に戻らなくなってしまったパターンです。男性は一度ならず、二度、三度と傷つけられると、「もうコイツとは、絶対に一緒にいたくない！」という思いを頑なに持ち続けてしまうもの。

そうなると、まわりがどんなにアドバイスをしても修復不可能です。

妻としては夫がどういう人なのかを見極めて、人格を否定するような「バカ、クズ、死ね！」「大した稼ぎもないくせに」といった暴言や、「あなたは、不妊治療に積極的じゃないじゃない」「大切な排卵日に、あなたはできないじゃない」という相手を傷つけるようなことを言うことは、ふだんから慎みたいものですね。

男と女は愛し方が違うもの

夫婦関係については、「離婚はあり得ない」と考えるよりも、「離婚はあり得る」と考えたほうが、冷静に判断することができます。そのうえで、次の2点がはっきりしていれば、修復する可能性は十分にあります。

◆夫のことを傷つけていない

◆妻である自分が修復したいと思っている

私のところに寄せられる離婚相談でも、相手のことが好きで結婚したのに、離婚話が出てしまうケースでは、夫と妻の気持ちにズレが生じたというパターンがたくさんあります。

なかでも多いのは出産後で、妻としては子どもができて体の変化があり、親としてやることも増えて……と大変なときに、夫がそれを全然理解してくれず、夫婦2人のときと何も変わらず、手伝いもしない。その中で、夫婦の気持ちに大きなズレ――多く場合、妻が怒っているのですが――が起きて、離婚話に発展してしまうのです。

ここでのポイントは「男性と女性とでは、愛し方が違う」ということ。

このポイントさえ押さえておけば、夫は夫で、妻が思っていたのとは違う形で妻を愛し、妻や家族を守ろうとしていたのだということがわかって、妻の怒りも収まり、夫婦関係も修復に向かうようになります。

男性と女性の愛し方の違いの点から見ると、やはり妻が夫に何も言わないことで、夫との間にすれ違いができるパターンが多いようです。「私はこうしてほしい」「これはイヤだ」という自分の気持ちをまったく表現できずに、勝手に自分の中に溜め込んでしまうことで、離婚に発展する話が多いのです。

また、妄想も多いですね。聞いてもいないのに、「夫はこうだ」「こう言うに違いない」と決めつけて、自爆してしまうのです。出産期には、とくにそれが加速する傾向にあるようです。だから、次の2つをやってみるだけでも、現在危なくなっている夫婦関係はずいぶん改善できるはずです。

◆言わないで溜め込まない
◆妄想しない
自分の胸に手を当てて、振り返ってみてください。思い当たることはないですか？

よけいなひとことを言わずに伝える練習

私は、夫と言い争うことはしません。なぜかというと、夫婦喧嘩をすると、私が必ず負けるからです。夫は弁護士だけに論理的に攻めてきますし、自分からは絶対に折れません。感情的になって私が「ワーッ」と反論したところで、全然勝てないのです。

それに、幼いころから私は、夫婦喧嘩で母が父に反論しているのを見ながら、「お母さん、そのひと言は絶対に言っちゃダメ！」と思っていました。たとえそれが正論だとしても、父にとっては〝よけいなひと言〟。とどめのひと言で相手を打ちのめそうとしても、お互いに傷つき、イヤな思いが残ったまま、何も得することはありません。

だから私は、小さいころから人と喧嘩をしても、よけいなひと言は絶対に言ってはならないと、心に決めていました。実際に夫婦喧嘩でも、夫に対して、一度もよけいなひと言を言ったことはないのです。

私のところに恋愛相談に来る方の中には、そのよけいなひと言が原因でダメになってしまったカップルがたくさんいます。それに、女性の感情に任せた物言いで、男性との関係がよくなったという話は、一度も聞いたことがありません。

だから私はこう考えたのです。もしかすると、よけいなひと言だけでなく、その大元となる「ワーッ！」という怒りの感情は、夫に対する妄想や勘違いから生まれてきているのかもしれない。

そうだとしたら、夫の言葉の真意を確認するためにも、まずは自分のひと言をやめるしかない……。

喧嘩のときの言葉は、だいたいが相手をわざと傷つけようとするもの。夫婦喧嘩だけでなく、もしかすると子どもを叱るときにも言っているかもしれません。

それをやめるためにも、「根底に愛がある家族は傷つけ合う必要はないんだ」ということを自分の胸に刻みつけて、よけいな言葉は使わないように気をつける必要があるのです。

夫が放った強い言葉に、妻が傷つくこともあるでしょう。でもそれは、単なる言葉にすぎません。**大事なのは、言葉をそのまま直球で受け取るのではなく、「夫はほんとうは、私に何を伝えたかったんだろう？」と、相手の心情を考えることなのです。**

ことによると、男であるからこそ、上手に優しく伝えるのではなく、男らしく、たくましく、強さをアピールしながら伝えたかったのかもしれません。だから、「私はあなたの言葉を〇〇って解釈したけど、それって、あなたが私にほんとうに伝えたかったことと同じなのかな？　これで合ってる？」「それは、私のために言ってくれたの？」「私のことを考えてくれたんだよね？」**と問いかけます。**そして反論や相手を傷つける言葉より、夫の言葉の真意を考える。

男性の強い言葉にカッとしないようにしながら問いかけをするのは、難しいことかもしれません。でも、少しずつ練習していくうちに、きっとできるようになります。

私も何回も練習しましたから♡

ほかの理想のパパと比較しない練習

結婚した当初私は、大好きな人と結婚したのだから、もうそれだけで幸せだと、「結婚=幸せ」の構図を、自分で勝手にイメージしていました。

だから、私がほんとうに望んでいるパートナーシップやファミリー像を、夫には何も言わずに、世間一般の幸せな夫婦や家族像のワクに自分を当てはめて、「家族とは、週末、一緒にお買い物や公園などに出かけて、楽しく過ごすもの」「夫はいつも私を優しくサポートしてくれるもの」と決めつけていました。

でも、夫の生活ぶりは、独身時代とまったく変わらない……。

そうなると、私の中に、疑問や懐疑心が生まれてきます。

「結婚当初からこの状態で、将来、今以上によくなることは、ないかも……」

と、心の中に不安がよぎるようになったのです。そして、

「うちは、世間がいうような幸せな家族とは違う。このままでは、幸せな状態から大きくかけ離れてしまうのではないかしら？」

とも思うようになりました。


とくにロスに住んでいたとき、週末に子どもを公園に連れていくと、パパたちが自分の子どもと一緒に遊んでいました。まわりを見ると、なんと女性は私だけ。結婚しているのに、まるで夫がいないかのようです。


幼稚園のママたちとおしゃべりをしている際も、

「毎週土曜日は私の祝日なの。朝もゆっくり寝られて、目を覚ますと夫が朝ごはんをベッドまで運んでくれるのよ。そして、もっとゆっくりしていていいよって、子ども

を公園に連れていってくれて。私は家で本を読んだりしているわ！」

それを聞いて、私は思わず心の中で叫んでしまいました。

「テレビで見たことがあるような世界が、ほんとうにあるんだ！　そんな生活を夢見ていたのに、私、結婚した人を間違えちゃったのかしら……？」


でもそのとき、ハッと気づいたのです。**私、彼の人生のボートに、楽だからという理由で、完全に乗り込んで、人生を委ねようとしているんじゃない？**

そうです。前の本にも書きましたが、私は、彼が私の好きなようにボートを動かしてくれないから、すごく怒っていたのです。そしてもし、彼が1人で自分のボートを自由に操縦しているとしたら、いつか2人の関係が崩れてしまいそうで怖かった……。だから、常に同じボートに乗って夫を見張っていないと不安だったのです。


「でもちょっと待って！　誰も人をコントロールなんてできないはず！」

そこで私は、カウンセリングのクライアントさんたちのことを思い出しました。彼を常に見張っていないと心配で、ずっと監視し続けていた結果、ストレスが溜まって悲劇を引き起こしてしまっている人が、とても多かったのです。

「相手を手放せば、信頼が生まれるし、自分のボートにもう一度戻れば、好きに操縦できるから、この気持ちも楽になるはず！」

私は、自分の人生を私自身がコントロールしたかったことを、再確認しました。

すると、まるで嘘のように、**夫が私の理想としていることを何もしてくれなくても、まったくイライラしなくなりました**。夫が、夫の人生を生きるために操縦しているボートに、あのまま無理矢理乗り込んでいたら、私は、彼のボートを操縦する権利もなく、ただ彼の後ろで、自分ではコントロールできない不確定要素に悩まされながら、自らを見失っていたことでしょう。

だから**私は、もう一度自分の人生のボートに乗り込み、彼のボートの横あたりにつけて、それぞれが舵をとりながら、同じ方角に向かって進み始めました。ときにはお互いのボートの距離が離れることもあるでしょう。でも、一番大切なものは何かを理解し、お互いが向かっている未来が見えていれば、何も心配することはないのです。**

そして、ほかの誰かの旦那さんと比較して、同じようにしてほしいというのではなく、「私がこうしてほしい」ということを伝えるようにしました。

「世の中のパパはこうなのに、なんであなたは違うの？」と思ってはダメなのです。

「今度はこういうことをしたいな♡」「一緒に公園に行ってみたいな♡」

と、まずは自分の思いを、彼に具体的に伝えることです。

同時に、夫婦関係についての自分の理想も言っておくといいですね。

でも、そうはいってても、相手にもタイミングがあるもの。全部をかなえてくれなくても、まずは気持ちを溜めずに素直に可愛く伝えることが肝心です。

たったそれだけで、夫婦関係は変わっていきます。

「わかってるはずでしょ」の思い込みをやめる

夫婦間で、自分の思いを上手に伝えるためには、もう1つ大事なことがあります。

それは、**「わかっているはずなのに」という思い込みを、すぐにやめること。**

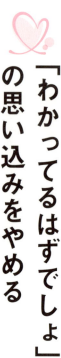

やってほしいことは、具体的にわかりやすく言わなければ、ほとんどの男性には伝わりません。世間のイクメンが、いくら自分から率先して家事をやっていても、その人は、その人。目の前にいる自分の夫がそうでないならば、どのように頼めば快く受けてくれるのかを考えていきましょう。

そして、**自分がしてほしいことを夫がかなえてくれることを100％信じながら、「〇〇ちゃんのために、願いを叶えてあげようって、なるよねー。嬉しいな♡」「やってくれたら、喜んじゃう♡」と、優しく声に出して言ってみる。**もし、甘えているようで抵抗があるなら、「助かります♡」ぐらいの言葉でもいいでしょう。

自分がやってほしいことを夫にやってもらえたら、とてもハッピー。「よおし、思いどおり♪」と心の中で密かに思いながら、自分で舵を握る感じです。そう思えば、抵抗感もなくなりますよ。甘えて頼って見せるのも、「男性らしく妻を幸せにするチャンスを夫にあげる♡」ということなのですから。

それに応えてくれる夫の行為も、妻への優しい思いがあるからこそ。
その愛を受け取ってみましょう。

専業主婦でも「家庭の社長」になってみる

第4章でも述べましたが、私のところには夫婦のお金のことで喧嘩してしまうという相談者も多く見えます。どちらか1人だけで家計を管理し、相手に渡すお金、使うお金を厳しく制限することで、それが上手くいかなくなったとき2人の間の信頼が崩れ、ものすごく悩んでしまうのです。

その解消法としては、仕事をして自分で使えるお金を増やすという手段もあります。

しかし、子育てや介護などのやむを得ない事情で、すぐに働けない環境にいる人も多いので、私はこんなアドバイスをしています。それは、家庭の社長になること。

「旦那さんは外で稼いでくる人、私は家政婦さん」という関係をやめ、個人事業主の

ように家庭という会社を経営する感覚を持つのです。つまり「自分が社長（家族組織を発展させる総責任者）で、夫はその会社の収益をつくり出し、財務の運営から管理までをしてくれるCFO（最高財務責任者）」ということ。そして、1つひとつの家事を小さなプロジェクトとして考えて、1日の仕事の成果を上げる感覚で、家事をこなす。

これまでは「私は、家政婦かっ！」とイライラしながらやっていた家事も、「私、社長じゃーん♪」と思ってやれば楽しくなるし、意識の中での夫との主従関係も変わり、不思議と喧嘩もなくなります。

何よりも嬉しいのは、家庭という1つの会社を運営している経営者としての視点を持って、CFO（夫）の意見を聞きながら、お金が使えるようになること。自分が社長という立場であると思うだけで、お金の交渉のバランスもうまくいくわけです。

夫のお金を自分の好きなことに使うのがうしろめたい、という女性も気持ちが楽になりませんか？

ただし、会社＝家庭なので、お金のやりくりを上手にしないと〝倒産〟してしまいますので、ご注意を♡

最小限に生きてみてわかったこと

「やらなければいけないリスト」の中で、いつもあとまわしになっていた不必要なことを、思いっきり手放し、最小限で生きて行く――これは、私がこれまで経験してきた中でたどり着いた、毎日を自分らしく、楽しく、生きがいを持って歩んでいくための姿勢です。これまで私がいろいろと経験してきたから言えることで、もし若いときにこのことを知っていれば、もっと早くからこの生き方を選んでいたでしょう。

それは、若いときに不必要なことを見極めることは、とても難しいからです。

試しにＴｏＤｏリストをつくり、１週間ほど続けると面白いことに気づきます。いつも新しく入れ替わるのは上位３つくらいまでで、下位のほうの項目は、ずっとリストに存在し続けています。だから、毎日どんなにがんばってやっていても、減らないリストを見るだけで、フラストレーションやストレスが溜まって、「私だけが大変で、不幸で」という状態になってしまうのです。

不必要なことをやめるのに大切なのは、「○○しなければならない」という義務感にとらわれ、ほんとうは嫌いでやりたくないこと、面倒でストレスに感じることを、一度やめてみること。「やらなくていい」と思うだけで、心の余裕が20〜30％増えます。

私がToDoリストをやめて気づいたのは、結局、苦しい状況をつくっていたのは、ほかの誰でもない自分だった、ということ。フラストレーションも怒りも、自分の「いい子気質」がつくりあげた産物だったのです。

世間に惑わされることなく、自分らしい人生を生きるために大切なのは、自分が一番いいと思ったものを選択していくこと。 自分が好きなこと（物）、ハッピーになれること（物）を優先して選ぶように心がけるだけで、あなたらしく生きていけます。

そして、**二番目、三番目の「どちらでもいいもの」はあえて選ばない。つまり、最小限で生きていくということが、幸せへの近道なのです。**

やりたくないことなのに、世間がやりなさいと言っているから、まわりがやっているからと、仕方なくやっていることはないですか？

私にとって一番大切なのは、夫との関係と子どもです。だから夫に対しても、彼にとって一番大切な「自由」を尊重し、子どもたちにも、彼らにとって一番いい状態を保てるようにしてあげたいと思っています。子どもには、親に見ていてもらいたいときが必ずあるので、それをしっかりキャッチしてあげられれば最高ですよね。

あなたにとって、一番大切なものはなんですか？

妻、母として「尽くす」ことを手放す

私は、人間関係については、「尽くす」と「与える」はまったく違う概念と捉えています。**「尽くす」は、どちらかというと自分よがりで、相手の意見を聞かずに、こうしたほうが相手が喜ぶのではないかという〝思い込み〟でやること。**

これは妄想につながるところがありますが、自分の母親を振り返ってみると、多く

がそうだったと思います。「娘のために」と言ってやってくれるのですが、私にとっては、「それ、ほんとにいらないから！」という感じでした。

一方**「与える」は、相手が欲していることに、こちらから手を差し伸べてあげること。私は夫にも子どもにも、常に「与える」ことをするように心がけています。**

なぜならば、「尽くす」と称して、いらないことをやってもらっても、嬉しくないし、「なんでわかってくれないの？」「私がほしいのは、これじゃない！」ということになってしまうからです。**尽くしてもらったことは愛として受け取れないのです。**

尽くすことをやめるのには、とても勇気がいります。でもそれが、夫や子どものニーズを満たすことにつながるのであれば、大事なことです。そうすることで、夫や子どもたちも、私のやりたいことができるようにしてくれる。**とくに子どもたちにとっては、〝相手のニーズを満たす〟という考え方は、社会に出てから役立ちます。**

人は常に自分のニーズが満たされない状態にあると、それを満たそうとすることしか考えなくなってしまうもの。男女関係もそうですし、社会に出て仕事をするようになれば、〝相手のニーズを満たす〟ことこそが、とても大事なことになってきます。

だから、**妻として、母親として、どんなに辛くても、「尽くす」ことを手放すことが必要なのです。**

「やらない」ことで成長を見守る

子どもの経験についていうと、日常の中では、子どものことを心配するあまり、親としては悪いことを予測し、先回りして「これはしちゃダメ！」「あれをやっちゃダメ！」とついつい言ってしまいがちですよね。

でもそうすると、子どもは何も経験できなくなります。「お母さんにダメって言われたから」「お母さんがああ言ったから……」と思って、自分から経験することをしなくなるのです。

もちろん、命にかかわるような危険なことはやめさせる必要があります。でも、ふだんの生活の中での行動を、親が予想して注意することをやめれば、たとえ子どもが困ったり泣いたりすることがあっても、そのことを通して学ぶことはとても意味のあることでしょう。

その一例として……私の息子は小さいとき、ほんとうに忘れ物が多かった（笑）。でも、そのことがわかっていても、私はそのまま学校に行かせました。「持ち物は、確認済み？」と聞くと、「見た」と返事をするから、「わかった」と言って行かせたのです。そして帰ってきて、「どうだった？」と聞くと、「忘れた」と言うので、「じゃあ、今度はちゃんと用意しようね」と言っても、翌日また忘れる（笑）。

小学校6年生ぐらいまでは、その繰り返しでしたが、親としてはそれに耐えて粘り強くやっていました。途中で担任の先生から、「お母さんがしっかり見てあげてください」「こういう袋に入れてあげてください」と言われて、「そうですか。そういうやり方もあるんですね！」と返事をするのですが、私はやらない（笑）。**そのうち息子自身が何かを感じたときにやるだろうと思っていたので、辛抱強く待っていました。**

夫にも「見てあげたらいいんじゃない？」とチラッと言われたこともありますが、

「大丈夫♡　できるようになると思う」「一緒に信じて見守ろうよ。絶対できるようになるから♡」と伝えていました。

実は私も、子どものころは息子と同じで、忘れ物をする子でした。小学生のときに、母親に「今日の帰りは雨が降りそうだから、傘を持っていきなさい」と言われても、それを忘れて、雨に濡れながら帰ったこともあります。

友だちは傘を忘れても親が迎えに来てくれたのに、私の母は、小さい弟の世話が大変だったので、迎えに来てくれなかったのです。そのときはとても悲しかった……。

でもその何年かあとには、私は「自分がしっかりしなきゃいけないんだ」と、忘れ物をしない子どもになっていたのです。

子どものお泊まり会などでも同じです。出かける前は、子どもと一緒に「何が必要かな？」と日頃の生活を振り返りながら用意を進めて、最後に荷物を詰めるのは本人がするようにしていました。あとは子どもを信じて、「楽しんできてねー♡」と言って送り出せば、子どもは自分でがんばれるものです。

親はどんなに心配でも、そこはグッとガマンして、子どもの力を信じることですね。

「妄想の目」には深い意味がある

私の講座の受講生たちの話を聞いていると、

「他人の評価や目がとても気になる」

という人がたくさんいます。そこで私が、

「じゃあ、その他人って誰なの？　誰の目を気にしているの？」

と聞くと、答えられない。そうです。誰もいないのです。彼女たちは、**特定の人ではなく、世間の目――つまり、自分の頭の中にある「妄想の目」を気にしているのです。**


実際に、ママ友や同僚など、具体的な人を特定できる場合もあるでしょうが、心配なのは**「妄想の目」を気にする人の中には、被害者意識を持っている人が非常に多い**ということ。具体的な相手がいる場合は、その人とはかかわらないということになりますが、それも、根本的に自分が変わらない限り、また同じことを繰り返すだけです。「なぜ被害者意識を持つようになったのか？」という原因を紐解かなければ、「妄想の目」は、頭の中にずっとすみ着いたままです。

そこで原因を紐解くと、ほとんどのケースでは親との関係が大元になっています。「子どものころから、自分のニーズが満たされてこなかった」

「親に愛されていなかった」

という思い込みに行き着くのです。

そこから今度は視点を変えて、自分の親の目線で人生を振り返ってみると、「これまで思っていたこととは違ったよね。親には愛されていたよね」ということがわかり、自分を変えていけるようになるのです（詳しくは私の前著『愛され妻の習慣』をご覧ください）。

「私は愛されてきた」という土台があれば、どんなことも気にせずに、手放していけるようになります。これまでどうしても捨てられなかったことを、やめればやめるほど、気持ちがフッと楽になり、あなたが目指す理想に近づいていけるのです。

諦めずにあなたの一番を見つけるために

ここまで本書を読み進めてきて、みなさんも気づいていることと思いますが、**基本的に私は、ものごとをすぐに諦めずにやっていくためには、「リサーチ力」が必要だと思っています。**女性が経済力をつけるのは、その人のシチュエーションによって限界があるかもしれませんが、自分のできる範囲内でよりよい理想の未来を切り開いていくためには、リサーチ力は必要不可欠なのです。

自分の理想や一番を満たすものは、最初から「私にはもう無理……」と諦めていると決して見つかりません。でも、「あるかも♡」と前向きにリサーチしていけば、何かのきっかけで発見できることがよくあるもの。

私自身は、たとえば旅行をするとき、「ここに泊まりたい！」と強く思っていたホテルが満室になっていても、諦めずに、ありとあらゆるサイトでリサーチして、同じホテルの部屋を確保します。

また、オンラインショップで「いいな♡」と思うお気に入りの服を見つけたとき、もし売り切れになっていても、すぐに諦めるのではなく、「ほかのお店にあるかもしれない」と、オンラインショップをいくつか探したり、直営店で調べてもらったりするなど、リサーチします。どんなことも諦めずリサーチすることで、必要なタイミングに必要な情報を持っている人と知り合って、その人が自分のために手を貸してくれることもあるかもしれません。

それと**同時に、自分の一番を満たすものを諦めずに見つけるためには、「交渉力」も大切です。**海外では当たり前の交渉力。お店などでお客様相手の窓口になっている人の多くは、そのポジションを任せられているので、決定権があります。だから、諦めずに上手に交渉すると、すんなり通ってしまうことがよくあります。

日本だと、マニュアル的な答えしか返ってこないことも多々ありますが、実はこの交渉力は、リサーチとは切っても切れない関係。**自分の一番を諦めずに獲得するためには、リサーチした先にかかわる人たちと交渉する場面が、少なからずあるからです。**

最初は戸惑うこともあるかもしれませんが、何度か繰り返しているうちに、意外なところから大切なものが手に入ることがあるものです。そのときほど「やったあ‼」と、満たされた気分になることはないでしょう。

リサーチ＆交渉力があれば、もう「自分の好き」も「これ、やめたい」も諦めることはありませんよね♡

リストをつくって少しずつやめていきましょう♡

みなさん、いかがでしたでしょうか？

今まで自分１人で全部背負ってきたものを、１つずつ「やめる」という視点で見ることで、すべては自分のやり方・捉え方しだいであるということを理解してもらえたのではないかと思います。

現在やっていることを「やめる」ためには、自分にとって何が一番なのかを考えることが大切です。仕事、夫、子ども、親……。独身女性でも、それぞれ、何かほかに大事なことがありますよね。自分がその一番との関係をうまくやっていくためにも、上手に「やめる」ことが必要なのです。

まずはそのことに気づいて、自分を振り返ることができたら、あとは実行していくだけ。そのためには、**新しくノートを用意して、あなただけの「やめることリスト」をつくりましょう**。

ノートには、あなたが今やっていることをカテゴリー別に書き出します（P190参照）。

そして書き出した内容を整理していきましょう。

ステップ3では、トップ3まで優先順位をつけてください。残ったものは、本当に必要か、夫や他の人に任せられることか、もしくは、重要度が低いのに、やらなきゃと思い込んでいたことなのか、やめてしまっても支障がないことなのか……といったことなどを見極めながら、不要なものに線を引いていきます。

ステップ5では、第2章を参考に、自分の夫のタイプを観察しながら、どんなことをやめていけるのかを考えてみましょう。直接旦那さんにリストを見せながら、負担になっていること、ヘルプが必要なこと、任せられると嬉しいこと、やめたいことなどを話し合いしながら決めていくのもいいですね。

そうしていくうちに、やめたいことだけでなく、夫の考えや自分の思いがはっきり見えてきて、さまざまなことが面白いほど理解できるようになっていくでしょう。

何よりも大切なのは、ほかの誰でもない、あなた自身があなたらしく自由に生きていくこと。最小限に生きて、最大限にハッピーな人生をつかんでいきましょう！

幸せあふれる女性が増えますように。

やめることリスト

夫関係

子供関係

家庭・家事一般

Step1 ピンク枠に「やっていること」「やるべきと思っている」タスクをすべて書き出しましょう

Step2 なにがなんでも外せないタスクに、マーカーで印をつけてください

Step3 Step2 のなかで優先順位を決め、1、2、3と書き添えておきましょう

Step4 やめてもいいタスク、手放せそうなタスクに赤線を引いてください

Step5 夫に相談してみましょう。

「タスクが増えて大変になってきているから、上手に整理したいので相談にのってほしい」

と伝え、タスクを夫に見せながら、もう少し減らせないか相談し、手放せる部分を増やしていきます。

完全に手放せない場合は、「もしかして毎日じゃなくても大丈夫かしら？」

「週1とか月2とかでもいいかな？」など回数を減らす相談をしてみます。

Step6 最終的に残ったタスクを黒枠に書き出してください

Step7 夫にかわいくお礼を伝えましょう
私の場合、彼が知っている（または好きな）アニメのキャラなどを使い
「ドラミちゃん（私のあだ名）を守ってくれて（味方してくれて）ありがとう！ドラえもん！」など

ヒロコ・グレース
マリッジコンサルタント

約20年間１万人以上の男女をカウンセリングしてきた、恋愛・夫婦関係の専門家。

23歳で渡米し、米国永住権を取得。28歳でニューヨークにてマリッジプロデューサーとして起業。アメリカを中心に8店舗を構え 、年商６億円の企業へ成長させる。会社を M&A後帰国し、愛を土台としたパートナーシップ構築のノウハウを「 ウーマン魅力学 ®」としてメソッド化。愛し、愛されること、好きな仕事、心踊るもの、人生を豊かにするもの、全部を叶える、人生のステージアップのためのコーチングを行っている。 その人柄やカリスマ性で、幅広い年齢層の女性から支持を集め、セミナーは一般告知する前に満席。一男一女の母でもあり、弁護士の夫と、“ 愛に溢れた夫婦関係 ”を自ら実践中。著書に『愛され妻の習慣』（小社刊）がある。

http://www.woman-m.com

やめたら幸せになる妻の習慣

2018 年 9 月15日　第１版第１刷発行
2018 年 10月20日　　　　第２刷発行

著　者　ヒロコ・グレース
発行者　玉越直人
発行所　ＷＡＶＥ出版
〒 102-0074　東京都千代田区九段南 3-9-12
TEL 03-3261-3713　FAX 03-3261-3823
振替 00100-7-366376
E-mail: info@wave-publishers.co.jp
http://www.wave-publishers.co.jp

印刷・製本　萩原印刷

NDC159 191p 19cm
ISBN978-4-86621-170-1